Weiterführend empfehlen wir in der gleichen Reihe:

Schaffen Sie Ihre Zukunft neu
ISBN 3-8029-5509-9

Der ganzheitliche Mensch
ISBN 3-8029-5510-2

HerzQuotient: Mehr Partnerschaft, mehr Teamfähigkeit
ISBN 3-8029-5511-0

Die unsichtbare Macht der Worte
ISBN 3-8029-5509-0

Ihre Persönlichkeit – Ihr Potenzial
ISBN 3-8029-5501-3

Karriere. Macht. Einsamkeit.
ISBN 3-8029-5502-1

Zum Autor:
Michael Flemming ist seit fast drei Jahrzehnten Unternehmensberater und Trainer; bisher haben über 75 000 Teilnehmer von seinen Seminaren profitiert; erfolgreicher Fachautor.

Michael Flemming

Mann muss nicht schlecht sein, um besser werden zu wollen

Persönliche Höchstleistung macht Freude

Erfolg und Lebenskunst

Bibliografische Information Der Deutschen Bibliothek

Die Deutsche Bibliothek verzeichnet diese Publikation in der Deutschen Nationalbibliografie; detaillierte bibliografische Daten sind im Internet über http://dnb.ddb.de abrufbar.

Zitiervorschlag:
Michael Flemming, Mann muss nicht schlecht sein, um besser werden zu wollen
Walhalla Fachverlag, Regensburg, Berlin 2003

Taschenbuchausgabe mit freundlicher Genehmigung des Metropolitan Verlags.

Produktion: Walhalla Fachverlag, 93042 Regensburg
Umschlaggestaltung: Calla Design Gruppe, Regensburg
Druck und Bindung: Westermann Druck Zwickau GmbH
Printed in Germany
ISBN 3-8029-5507-2

Schnellübersicht

Schnellübersicht

Nur die Guten arbeiten an sich!

Das Leitmotiv dieses Buches lautet: Man muss nicht schlecht sein, um besser werden zu wollen! Im Gegenteil: Erfahrungsgemäß sind nur die Guten bereit, neue Ideen aufzugreifen, zu lernen, zu wachsen und sich zu entfalten.

Ein reifer Mensch beginnt prinzipiell bei sich, ehe er von anderen fordert! Dies gilt vor allem für Führungskräfte, die ihre Mitarbeiter motivieren wollen. Dies gilt aber auch für die Art, wie Verkäufer ihren Kunden begegnen: in der Phase *vor* dem ersten Verkauf, im Verkaufsgespräch und in der Betreuung sowie dem Service *nach* dem Kauf.

Neue Herausforderungen

Das industrielle Zeitalter wurde vom Postindustriezeitalter abgelöst. Die entscheidenden Schlüsselanforderungen der neuen Ära lauten:

- Motivierende Kommunikation mit Kunden und Mitarbeitern
- Bessere Kundenbindungen
- Kundenbeziehungen aufbauen und stabilisieren

Leider ist der zwischenmenschliche Aspekt in der industriellen Epoche allzusehr aus dem Blickwinkel geraten.

Eben deshalb will diese Ideenkiste all jenen Anregungen bieten, die diese menschlichen Kontakte (weiterhin) pflegen und gewinnend ausbauen wollen.

Wer will wie viel Karriere machen?

Der Begriff „Karriere" (heute zumeist mit beruflicher Laufbahn assoziiert) leitet sich vom lateinischen „carrus" (Wagen, Karre) ab.

Die Grundbedeutung „Wagen" impliziert natürlich eine Bewegung nach vorn.

Die Frage ist nur, in welcher Richtung Sie die „carriera" (italienisch: *Fahrstraße*) Ihres Berufslebens befahren wollen? Exakter:

- Kennen Sie die Richtung (bzw. das Ziel, das Sie auf dieser Straße erreichen wollen)?
- Haben Sie dieses Ziel bewusst ausgewählt, oder hat „das Schicksal" die Richtung bestimmt?

Wer diese Fragen sicher und eindeutig beantworten kann, gehört zu den 20 Prozent, die genau wissen, wohin sie wollen.

Und wer die Antwort zur ersten Frage schriftlich formuliert in der Schublade liegen hat, gehört zur Elite (3 Prozent Bevölkerung).

Überprüfen Sie Ihren Karriereplan im Drei-Jahres-Rhythmus

Dies ist die Grundlage für eine der wichtigsten Entscheidungen Ihres Lebens (die Sie alle drei Jahre neu prüfen sollten):

Wie viel Karriere will ich warum machen, und wo liegen meine Schwerpunkte? Strebe ich vorwiegend materielle Güter, Status und Macht an, oder ist eine Aufgabe, in der ich „aufgehen" kann, der „Weg" zu meinem Ziel? – In diesem Fall müssen alle Karrierefragen ganz anders beantwortet werden. Karriere wird jetzt zum Nebeneffekt; sie ist der „Anhänger" an das Fahrzeug, das für den typischen Karrieristen das Vehikel darstellt. Für den Karrieretyp ist die Karriere das Ziel, während Sie vielleicht eher konkrete Aufgaben erfolgreich meistern wollen.

Erfolgs-Tipp:

- *Wenn* Sie sich klar entscheiden und
- *wenn* Sie fähig sind, Ihr Ziel in ihrer Vorstellung „klar zu sehen", und
- *wenn* sich dabei angenehme Gefühle der (Vor-)Freude einstellen,
- *dann* werden Sie Ihren Weg bis an Ihr gewähltes Ziel machen!

Sollten Sie hingegen noch Zweifel haben, dann können Sie sich von diesem Buch inspirieren lassen. Es ist eine Fundgrube und Ideenkiste für potenzielle Herausforderungen und Zielsetzungen. Es ist aber auch eine Anleitung für ein Training zum Erreichen ihrer Ziele.

Stöbern in der Ideenkiste

Dieses Buch ist modular aufgebaut. Dabei habe ich die Informationen in kleine, überschaubare und leicht verdauliche „Häppchen" eingeteilt.

Sie können die „Ideenkiste" linear lesen (wie jedes Buch) oder sich gezielt einzelne Abschnitte vornehmen, je nach Zeit, Lust oder individuellem Bedarf.

Ich hoffe, dass Ihnen dieser Aufbau das Stöbern in der Ideenkiste leicht macht.

Ein Tipp für professionelles Stöbern: Wichtige Textstellen markieren. Das Wiederfinden einzelner Schwerpunkte können Sie sich beispielsweise mit Büroklammern vereinfachen.

Michael Flemming

Widmung

Dieses Buch ist in Zuneigung gewidmet:

- Allen Autoren, von deren Gedanken ich profitiert habe, insbesondere Dale Carnegie, Ray Considine, Joe Girard, Murray Raphel und Tom Peters: Jeder von ihnen hat mich in besonderer Weise inspiriert und motiviert!

- Drei Trainerkollegen, mit denen mich viel verbindet: Vera F. Birkenbihl (mein Alter Ego), Paul Smith, der einst als „Schüler" zu mir kam und von dem ich immer wieder lernen durfte, sowie Prof. Siegfried Vögele, dessen Tagungen immer Erlebnis und Genuss sind! Alle drei verstehen es, ihr Wissen so gehirngerecht zu vermitteln (Enter-tain-ment oder Info-tainment im besten Wortsinn), dass Erwachsene wieder wie Kinder lernen können: fasziniert und motiviert, das Gelernte auch umzusetzen!

- Meinen Seminarteilnehmern, deren wache Fragen mich oft zwangen, meine Meinung zu überdenken, und deren positive Rückkopplungen mir zeigten, welche Ideen und Tipps in der täglichen Praxis als besonders hilfreich eingestuft wurden. Dieses Feedback war in der Auswahl der Erfolgs-Tipps für dieses Buch von unschätzbarem Wert.

- Und last, not least Ihnen, liebe Leserinnen und Leser, die Sie dieses Buch in Händen halten, weil Sie (noch) besser (und damit zwangsläufig erfolgreicher) werden wollen. Möge dieses Buch Ihnen helfen, (noch mehr) die Person zu werden die Sie sein könnten. Denn wenn Sie ganz „Sie selbst" sind, werden Höchstleistungen „normal", und Sie gewinnen enorme Energiereserven für die kreative Auseinandersetzung mit faszinierenden Aufgaben. Ich wünsche es Ihnen.

Ziele zum Erfolg

1

„Wir wollen: Erfolge ohne Misserfolge und Taten ohne Fehler, das ist wie: Tage ohne Nächte und Berge ohne Täler!"

Vera F. Birkenbihl

1. Erfolg: Drei Grundvoraussetzungen

Wissen Sie genau, was Sie wollen?

Auch auf die Gefahr hin, dass es Ihnen banal erscheint, muss man feststellen: Die meisten Leute wissen nicht, was sie (erreichen) wollen.

Viele Leute gleichen einem Menschen, der sich in ein Taxi setzt und sagt: „Fahren Sie mich igendwohin."

Auf die Frage des Taxifahrers: „Können Sie nicht etwas präziser sein?" antwortet der Mensch: „Bringen Sie mich in die Innenstadt."

Der Fahrer zuckt die Achseln und bringt den Gast ins Zentrum mit Fußgängerzonen, Geschäften und Cafés usw.

Aber nun, da der Gast das Ziel tatsächlich vor Augen hat, sagt er enttäuscht: „Eigentlich hätte ich zum Stadtpark gewollt!"

Die Enttäuschung beruht auf der einfachen Tatsache, dass der Fahrgast zwar meinte, in die „Innenstadt" zu wollen, dann aber bei der Ankunft dort überrascht feststellen musste, dass er sich weder zufrieden noch glücklich fühlte.

Weil Glück und Zufriedenheit jedoch so wichtig sind, werden wir uns mit Techniken befassen, die Ihnen helfen herauszufinden, was *Sie* wirklich wollen, und zwar, noch bevor Sie „ins Taxi steigen".

Können Sie Ihr Ziel bereits im Vorfeld (vor Ihrem geistigen Auge) „sehen"?

Die häufigste Ursache für das „Nichtankommen" ist die mangelnde Vorausschau, wo man eigentlich ankommen wollte. Nicht der so genannte Wille macht Sie stark. Vielmehr ist es Ihre Vorstellungskraft, die Sie sicher ans Ziel bringen wird.

Sie müssen Willen und Vorstellung verschweißen![1)]

Die Verbindung zwischen Willen und Vorstellung schafft eine „Vision", die man auch anderen mitteilen kann – zum Beispiel Mitarbeitern, Kollegen, Kunden, Familienangehörigen. Wenn dies einer Führungskraft gelingt, so spricht man von „visionärem Management". Geht es hingegen um Ihre persönlichen (oder privaten) Ziele, dann können wir analog von „visionärem Selbstmanagement" sprechen.

Wille + Vorstellung = Erfolg

Schon vor 120 Jahren hat Emile Coué darauf hingewiesen, dass wir zwischen dem „Willen" und der „Vorstellung" trennen müssen: wenn die beiden nämlich im Widerstreit liegen, siegt immer die Vorstellung (das ist der Glaube, der „Berge" versetzen kann).

Wenn Sie im Bett liegen und sagen: „Ich will einschlafen!", gleichzeitig jedoch glauben, dass Sie sich schlaflos wälzen werden, dann machen Sie Ihre Vorstellung wahr – mit viel „Erfolg"!

Erfolgs-Tipp:

Nur wer Willen und Vorstellung fest verschweißen kann, hat den notwendigen Glauben an den eigenen Erfolg, der alle Erfolgreichen kennzeichnet!

---

1) Vgl. Anmerkungen ab Seite 190.

2. Ziele setzen und erreichen

Ungefähr 80 Prozent der Menschen lassen sich treiben; sie haben keine klaren Ziele und vermissen nichts.

Ungefähr 20 Prozent der Menschen haben Ziele, und nur zirka 3 Prozent erreichen ihre Ziele regelmäßig, weil sie kompetent und professionell vorgehen. Wir nennen sie „erfolgreich", das heißt *reich* an erwünschten Folgen. Wie er-folg-reich möchten Sie sein?

Vier-Schritt-Methode zur Zielsetzung

- Ziele aufschreiben – erste Grobformulierung.
- Vorstellen: Wer sich nicht in der Zielsituation „sehen" kann, wird auch real nicht hinkommen.
- Durch die konkrete Vorstellung beginnen Sie jetzt im Vorfeld bereits über wichtige Details nachzudenken. Beziehen Sie diese in Ihre Teilziele mit ein.

  Dieser „Test-Run im Kopf" gibt Ihnen Gewissheit, ob Sie sich (später, wenn Sie dieses Ziel erreichen werden) froh und zufrieden fühlen werden. Denn zur exakten Visualisierung gesellen sich automatisch die Gefühle: Registrieren Sie bewusst, ob sich Vor-Freude einstellt, bevor Sie sich in die notwendigen Aktivitäten stürzen.
- Ändern Sie, wenn nötig, Ihre ursprüngliche Formulierung. Sie müssen Ihr Ziel exakt formulieren. Merke: Unsaubere Zieldefinitionen sind einer der größten Faktoren für das spätere Abweichen vom Wege.

Erfolgs-Tipp:

Wenn Sie so vorgehen, werden Sie Ihre Ziele mit Sicherheit erreichen!

3. Was wollen Sie wirklich (erreichen)?

Wie schon Sokrates sagte, ist nur das „reflektierte" Leben wert, gelebt zu werden. Allerdings vergessen wir in der Hektik des Alltags immer wieder, ein wenig zu reflektieren. Wir glauben, uns zu kennen, aber wie oft denken wir denn bewusst darüber nach, warum wir tun (oder unterlassen), was wir gerade tun (oder unterlassen)? Keine Zeit dafür? Dann sind wir dazu verdammt, regelmäßig in Taxis zu steigen und zu sagen: „Fahren Sie mich irgendwohin!" Manchmal haben wir Glück, und es gefällt uns am Zielort. Oft aber empfinden wir die innerliche Leere, den mangelnden Sinn, das „Blähgefühl", das viele Menschen für so normal halten, dass sie resignieren.

Aber Sie halten dieses Buch in Händen, weil Sie bereit sind zu reflektieren. Sie wollen Ihren Weg bewusst gehen. Sie wollen vorher wissen, worauf Sie zusteuern, und Sie wollen sichergehen, dass sich Ihre Ziele im Einklang mit Ihrer Persönlichkeit, Ihren Anlagen und Neigungen befinden.

Es gibt verschiedene Methoden, Ihre Ziele zu finden. Dabei lautet der erste Rat, den Sie überall erhalten:

Stellen Sie fest, wo Ihre Stärken und Schwächen wirklich liegen

Kindheit:

- Welche Schulfächer konnten Sie damals bereits begeistern?
- Womit verbrachten Sie Ihre Freizeit am liebsten?

Jugend:

- Welche Kindheitsinteressen haben Sie beibehalten?
- Welche neuen Interessen sind aufgetaucht?
- Welche Tätigkeiten führten Sie gerne aus?
- Mit welcher Art von Menschen waren Sie gerne zusammen?

Die Zeit danach:

- Welche Tätigkeiten „hassen" Sie heute?
- Wären Sie glücklich, wenn diese „wegfallen" würden?
- Welche Tätigkeiten „lieben" Sie?
- Fühlen Sie sich gut, wenn Sie diese ausführen?

4. Finden Sie Ihren Weg zum Ziel

Machen Sie einmal persönlich Inventur, und fragen Sie sich, ob Sie den richtigen Beruf haben oder ob Sie durch so genannte „Zufälle" an Ihrem heutigen Arbeitsplatz „gelandet" sind? Können Sie ehrlich sagen, dass Ihnen die Arbeit Spaß macht? Führen Sie die meisten notwendigen Tätigkeiten wirklich gerne aus?

Fühlen Sie sich in der Regel vital und neugierig, was der nächste Tag bringen wird? Oder sind in Ihrem Leben Tage, an denen Sie mit „sich und der Welt" zufrieden sind, eher die Ausnahme?

Der so genannte Zu-Fall (wie die Esoteriker sagen) ist das, was uns zu-fällt. Wie das uns „Zugefallene" dann auf uns wirkt, hängt davon ab, ob wir klare Ziele haben.

Müssen wir diese Frage verneinen, dann könnten die so genannten „Zufälle" uns helfen herauszufinden, ob wir sie „schlecht" finden. Das ist immer ein Zeichen dafür, dass wir uns nicht auf unserem eigenen Weg befinden.

Wichtig: Befinden wir uns hingegen auf unserem „ureigensten" Weg, dann „fallen" uns komischerweise immer wieder „gute" Dinge „zu". Daher auch die Aussage: „Glück hat auf Dauer nur der Tüchtige!"

Schöpfen Sie Ihre Anlagen optimal aus?

Als tüchtig gelten Menschen, die sich auf dem „richtigen" Weg befinden, der ihren Anlagen entspricht und sie Ziele ansteuern lässt, auf die sie sich im Vorfeld bereits freuen können.

Deshalb wirken und fühlen sich tüchtige Menschen selbstsicher und kompetent. Sie leisten gern und auf professionellem Niveau – egal, was sie tun. Sie sind erfolgreich, das heißt, reich an Erfolgen.

Wenn auch Sie bereits zu den Tüchtigen gehören, dann gilt auch, dass gerade die Tüchtigen ständig weiterlernen und an sich arbeiten. Sie werden in diesem Buch viele Anregungen finden, die Ihnen helfen, bestimmte Aspekte (noch) besser zu handhaben als bisher.

Machen Sie Inventur

Sollten Sie jedoch feststellen müssen, dass Sie eigentlich nicht so sicher sind, ob Sie sich auf dem für Sie optimalen Weg befinden, dann sollten Sie erstens „Inventur" machen und zweitens die Anregungen auf den folgenden Seiten nutzen.

Erfolgs-Tipp:

- In der Regel „hassen" wir Tätigkeiten, zu denen wir uns zwingen müssen, weil sie unserem Naturell nicht entgegenkommen. Analog fühlen wir uns besonders wohl, wenn wir Arbeiten ausführen, die unseren Anlagen/Talenten entsprechen.
- Wer also im täglichen Leben (beruflich wie privat) zu viele Tätigkeiten ausführen muss, die ihn anöden oder frustrieren, kann sich selbst bemitleiden oder aber gerade diese Situation zum Anlass nehmen nachzudenken.
- Und umgekehrt: Wer im Großen und Ganzen Freude an der Arbeit hat, ist auf dem „richtigen" Weg.

Die persönliche „Inventur“

2

SIE
BEFINDEN
SICH HIER

„Das unreflektierte Leben ist nicht wert, gelebt zu werden."

Sokrates

1. Ziele: Ist Ihr Unterbewusstsein einverstanden?

Es gibt eine Technik (siehe Seite 22), die Ihnen helfen kann, „sich selbst auf die Schliche" zu kommen. Sie ermöglicht es Ihnen, Ihr Unterbewusstsein „anzuzapfen". Und das ist sehr wichtig im Zusammenhang mit Zielen, für die es sich lohnt, das eigene Leben zu investieren.

Wundersame Selbsttäuschung

Oft haben wir Hoffnungen ins Unterbewusste abgedrängt, oder aber unbewusste Ängste schaffen Konflikte mit unseren bewussten Zielen. Wie Ralph Tegtmeier[2)] auf vergnügliche und doch seriöse Weise demonstriert, haben viele Menschen *Anti-Reichtums-Programme*, die sie daran hindern, materiellen Wohlstand zu erreichen. Immer wenn Betroffene kurz vor dem Ziel sind, scheint es, als müssten sie zwanghaft irgendwelche Fehler machen, damit sie nicht reich werden. Es ist so, als ob bei diesen Leuten im tiefsten Inneren eine Stimme sagt: „Reiche Leute sind fies!" Sollten diese Leute doch noch reich werden, dann müssten sie sich selbst als unsympathisch einstufen, wenn der Reichtum erreicht ist. Also sorgt ihr Unbewusstes stets dafür, dass sie (leider!?) den letzten Schritt nie realisieren können. Bezogen auf Reichtum, ist Ralph Tegtmeiers Büchlein *Der Geist in der Münze* eine Fundgrube: Es hilft Ihnen erstens, etwaige Anti-Reichtums-Programme aufzuspüren, und zweitens, diese loszuwerden.

Was uns unser Unterbewusstsein verheimlicht

Es gibt natürlich noch jede Menge anderer unbewusster Abwehrreaktionen, die uns daran hindern können herauszufinden, was wir wirklich wollen oder wollen dürfen.

Der Wächter an der Pforte zum Unbewussten erwartet bewusste Fragen wie: „Was will ich (erreichen)?", „Wo will ich ankommen?" Und falls er etwas vor Ihrem bewussten Denken verbergen soll, kann er die wahren Antworten geschickt abblocken.

Die Zeichentechnik (siehe unten) ist eine Methode, den Wächter an der Pforte des Unbewussten zu überrumpeln, da er aus dieser Richtung keinerlei Gefahr wittert.

Auch wenn Sie meinen, es würde wahrscheinlich „nichts bringen", sollten Sie es versuchen. Denn: Wenn Ihr Wächter seit langem gewisse Aspekte erfolgreich vor Ihrem bewussten Denken verbergen konnte, dann weiß Ihr bewusstes Denken ja nicht, dass es „da" sehr wohl etwas zu entdecken gibt.

Es könnte also sein, dass diese Technik erstaunliche, weil im Wortsinn unerwartete Ergebnisse zutage fördert und dass gerade dieses Wissen nötig sein kann, um Ihre wahren Ziele ans Licht zu bringen!

2. Technik: Zeichnen Sie Ihre Zukunft!

Diese Übung können Sie allein oder mit Freunden oder Kollegen ausführen. Dabei kommt es überhaupt nicht darauf an, ob Sie zeichnen können. Einfache Strichmännchen und grobe Skizzen („Dies ist ein Auto, dies eine Blume") reichen völlig aus. Bei dieser Übung geht es lediglich darum, den Wächter an der Pforte zum Unbewussten zu überlisten.

Wenn Sie die Aufgabe zu zweit oder in einer Gruppe angehen, so gilt als oberste Voraussetzung, dass Sie mit diesen Menschen in einer sehr offenen, vertrauensvollen Beziehung stehen, damit Sie hinterher mit ihnen über die Ergebnisse frei sprechen können.

Vorbereitung/Materialien

Fertigen Sie Kärtchen mit Jahreszahlen in Fünfjahresintervallen an, beispielsweise 2000, 2005, 2010, 2015 usw.

Setzen Sie sich mit Zeicheninstrumenten Ihrer Wahl (von Bleistift über Wachsmalkreiden bis zu Filzstiften) vor einen großen Papierbogen, die Kärtchen (Rücken nach oben) griffbereit.

Wenn Sie gerade keine großen Papierbogen griffbereit haben: Dunkle Filzstifte auf Zeitung reichen vollkommen aus.

So wird gespielt

Es wird eines der Jahreskärtchen gezogen, und Sie beginnen sofort zu zeichnen, und zwar: Ihr Selbstporträt im Jahre …

Dabei sollen Sie kein „Brustbild" von sich anfertigen, sondern Sie sollen Ihre zukünftige Lebenssituation entdecken. Zeichnen Sie einfach wild drauflos, pausenlos, bis Sie das Gefühl haben, Sie hätten das Wesentliche erfasst. Bis zu diesem Zeitpunkt müssen Sie den Stift ständig „in Bewegung" halten und Linien zeichnen, auch wenn Sie (noch) keine Ahnung haben, was dabei „herauskommen" wird.

Anschließend analysieren Sie Ihre Zeichnung. Sie werden überrascht sein, was da im wahrsten Wortsinn „herauskommen" kann.

Beispiel:

- Georg dachte, er sei ein „total materieller" Mensch und seine materielle Zielstellung sei klar festgelegt. Doch dann machte er bei der Zeichenübung mit und ertappte sich mehrmals dabei, dass er sein zukünftiges Ich mit Pflanzen und Tieren (nicht also mit materiellen Dingen) umrahmte. Da begriff er, dass ihm die materielle Zielstellung (Motto: „Haste was, dann biste was") von seinem Stiefvater „eingeredet" worden war.

Durch die Zeichenübung fand er zu seinen eigenen Werten zurück. Interessanterweise hatte er ab sofort keine Schlafstörungen mehr (die ihn jahrelang geplagt hatten).

- Natürlich ist auch der umgekehrte Fall denkbar. Eine junge Teilnehmerin glaubte, sie liebe Tiere über alles (Berufsziel: Tierärztin, zumindest Tierpflegerin). Beim Zeichnen stellte sie jedoch erstaunt fest, dass bei fünf Übungssitzungen kein einziges Tier in den Zeichnungen auftauchte.

Wichtig: Wenn die Ergebnisse Sie überraschen, dann entdecken Sie Neues (oder Vergessenes). Wenn nicht, dann stimmen Ihre bewussten und unbewussten Ziele überein. So oder so, es lohnt sich auf alle Fälle!

3. Die Tagebuchtechnik: „Liebes Tagebuch …"

Wir haben also festgestellt, dass es möglicherweise eine Menge Entdeckenswertes gibt, an das wir mit unserem bewussten Denken normalerweise nicht herankommen.

Wenn Sie besonders entdeckungslustig sind, sollten Sie unbedingt auch die Tagebuchtechnik testen. Allerdings verspricht diese Technik nur bei regelmäßiger Anwendung Erfolg (im Gegensatz etwa zu der zuvor beschriebenen Zeichenübung).

Halten Sie die Technik mindestens einen Monat lang durch, ehe Sie diese als für Sie ungeeignet verwerfen (falls Sie das dann noch tun wollen)!

Die meisten Leute glauben, ein Tagebuch sei eine alberne Einrichtung – beispielsweise für Teenager oder gelangweilte „grüne Witwen“ –, aber das stimmt nicht. Tägliches freies Schreiben (was immer Ihnen gerade in den Sinn kommt) kann ein mächtiges „Werkzeug“ sein: Sie erfahren dabei oft, was Sie im Innersten bedrückt. Sie kommen unterschwelligen Problemen rechtzeitig auf die Spur. Wenn Sie die Vorteile dieser etwas ungewöhnlichen Methode für sich testen und später vielleicht regelmäßig nutzen wollen, sollten Sie folgende vier Spielregeln* beachten.

Vier Spielregeln für Ihr Tagebuch

- **Schreiben Sie jeden Tag**
  Das heißt also nicht nur an Wochentagen, sondern auch an Wochenenden; die Übung hat mit Ihrem Menschsein zu tun, nicht mit der Arbeit per se!
- **Zehn Minuten als absolutes Minimum**
  Sie können auch sagen: „Eine Seite Minimum“, unabhängig von der Zeit, wenn Ihnen das lieber ist. Wichtig ist, dass Sie eine feste Einheit, die Sie jeden Tag Ihrem Tagebuch widmen wollen, vorher festlegen und dass Sie fortfahren, bis diese Zeit oder Textmenge erreicht wurde.
- **Sie dürfen absolut nicht gestört werden**
  Falls es Ihnen unmöglich ist, zehn Minuten absoluten Freiraum für sich und Ihre Entwicklung zu schaffen, wäre das ein Indikator dafür, Ihr derzeitiges Leben zu überprüfen.
- **Sie müssen nonstop schreiben**
  Wenn Ihnen gerade nichts einfällt, dann schreiben Sie eben: „Jetzt fällt mir nichts ein“ (notfalls mehrmals), bis ein neuer Gedanke auftaucht. Oft folgen diesen „einfalls-losen“ Phasen die faszinierendsten Entdeckungen …

---

*) Quelle: Management-Trainerin Vera F. Birkenbihl

Erfolgs-Tipp:

Wenn Sie regelmäßig schreiben, werden Sie erstaunliche Einsichten über Ihr Leben gewinnen und erfahren, was Sie wirklich wollen (und wer Sie wirklich sind).

4. Warum täglich schreiben?

Tagtäglich entwickelt ein jeder eine Menge „unausgegorener“ Gedanken: Ideen, die durch äußere Umstände unterbrochen werden, Gedanken, die wir verdrängen (und daher nicht zur Reife bringen), oder Gedanken, zu denen uns im ersten Ansatz zunächst buchstäblich die Worte fehlen. Da wir uns viel zu selten die Zeit nehmen, solche Worte zu „finden“, bleiben die dazugehörigen Gedanken allzuoft „halbgegoren“ unter der Oberfläche gefangen. Auf diese Weise häufen wir ständig Material auf, das ab und zu abgetragen werden müsste. Aber wir sind ja immer so wahnsinnig beschäftigt mit unseren Alltagsproblemen, dass wir dieses Aufräumen vor uns herschieben, obwohl wir im tiefsten Inneren genau wissen, dass wir hier etwas versäumen.

Nehmen Sie sich zehn Minuten pro Tag – das ist ein geringer Aufwand, der große Wirkung entfalten kann.

Selbst wenn die Texte, die Sie produzieren, nicht von besonderer Qualität oder Originalität zu sein scheinen, lassen Sie sich nicht entmutigen: Sie werden bereits nach den ersten zwei Wochen Erleichterung verspüren.

Die Tagebuchtechnik gilt nicht von ungefähr seit langem als Heilmittel für die Seele. Interessanterweise gilt dies auch für die Menschen, welche die Last (derer sie sich bei der Erleichterung entledigen) zuvor überhaupt nicht wahrgenommen hatten.

Besonders spannend wird die Tagebuchtechnik, wenn Sie Ihre Texte nicht gleich lesen, sondern erst nach der ersten Woche beginnen, sich die älteren Texte anzusehen.

Manche Tagebuchschreiber lesen sogar erst Monate später, was sie geschrieben haben, und stellen doch später fest, dass auch die zunächst nicht bewusst gelesenen Tagebuchgedanken ihnen im Alltag geholfen haben.

Muss man selber schreiben oder kann man … auch diktieren?

Die Antwort lautet: Schreiben Sie! Denn diese (oft intimsten) Informationen gelangen durch den Prozess des Schreibens an die Oberfläche. Experimente haben eindeutig gezeigt, dass man sich sprechend weit weniger öffnet; nicht einmal vor sich selbst. Schreibend aber brechen oft Gedanken durch, die einen später selbst erstaunen.

Übrigens: Schon Goethe lobte seinerzeit die heilende Kraft dieser Selbstreinigungsmethode.

Zeitprobleme?

3

„Zeit: Wir wollen sie mehr als alles andere,
aber wir nutzen sie nicht."

William Penn

1. Zeitdiebstahl und Selbstrespekt

Die meisten „plötzlich auftauchenden" Zeitprobleme sind selbst gemacht: Wer seine Zeit falsch „managt", dem scheinen alle Aufgaben und Unterbrechungen gleich wichtig. Das kostet viel Zeit. Wir werden zu Opfern unseres Terminplans und behaupten dann gerne, andere würden die Zeit stehlen. Aber: Zum Zeitdiebstahl gehören immer zwei. Niemand kann Ihnen Zeit stehlen, wenn Sie ihm nicht helfen.

Genau hierin liegt der größte Unterschied zwischen der „Zeitkriminalität" und dem Diebstahl materieller Güter. Der Erfolg des „Zeitdiebs" hängt von der aktiven Komplizenschaft seines Opfers ab.

Natürlich sind die meisten Menschen sich dieser Komplizenschaft nicht bewusst. Im Gegenteil: Sie erheben die Stimme und versuchen, sich und andere davon zu überzeugen, dass äußere Einflüsse und böswillige Mitmenschen an ihren Zeitproblemen schuld seien.

Wichtig: Wir alle wissen tief in unserem Innern, dass wir für Dinge, die uns wirklich wichtig sind, immer Zeit finden. Doch je weniger fundamental wichtige Dinge es in unserem Leben gibt, desto mehr neigen wir dazu, jede kleine Unterbrechung mit hoher Priorität zu belegen. Und je stärker wir dazu neigen, desto eher fühlen sich andere dazu ermutigt, uns häufig zu unterbrechen.

Deshalb gilt: Wenn Ihre Umwelt Ihre Prioritäten kennt, dann brauchen Sie nicht mehr so hart zu kämpfen. Plötzlich werden Sie weit seltener unterbrochen. Sie können sich viel leichter gegen „Zeitdiebe" wehren, und man wird Sie (gerade auch deshalb) weit mehr respektieren. Denn das ist das Eigenartige: Der Zeitdieb erkennt, dass seine Opfer sich und ihre wertvolle Zeit nicht hoch genug einschätzen, also verachtet er diese Menschen ebenfalls.

Und umgekehrt: Wer klare Ziele hat und wer weiß, warum er tut, was er tut, sendet klare Signale des Selbstrespekts aus, auf die seine Umwelt automatisch positiv reagiert. Deshalb schlage ich folgende Taktik gegen Ihre persönliche „Zeit-Falle" vor:

- Definieren Sie Ihre Ziele und schreiben Sie diese auf.
- Entscheiden Sie, welche Ziele privaten (geheimen) Charakter besitzen und welche Ziele Ihre Umwelt kennen muss.
- Sorgen Sie dafür, dass Ihre Umwelt Ihre öffentlichen Ziele kennt!

Erfolgs-Tipp:

Wer sich öfter die Zeit nimmt, um seine Zielsetzung festzulegen oder zu überprüfen, spart tausendmal mehr Zeit, als diese kleine Übung kostet!

2. Chronische Zeitprobleme?

Wer genau weiß, aus welchem Grund etwas für ihn wichtig ist, hat klare Parameter, um im Einzelfall zu entscheiden, ob er sich noch eine weitere Belastung aufbürden will oder nicht. Ob Sie nun einen zusätzlichen Auftrag von Ihrem Chef akzeptieren oder ob Sie einem Freund einen Gefallen erweisen wollen, immer gilt: Wenn Sie klare Ziele (und demzufolge klare Prioritäten) haben, dann …

- wissen Sie, wann Sie *Nein* sagen müssen.
- sind Sie überzeugt, also können Sie Ihre Ablehnung auch überzeugend artikulieren und verteidigen.

- können Sie unter all den Dingen, die angeblich „unbedingt erledigt werden müssen", die wirklich wichtigen identifizieren und angehen.
- können Sie Entscheidungen treffen!
- wissen sie, warum Sie handeln, und können auch schwierige Phasen gut überstehen, das heißt, Sie sind weit „stabiler" und können auftauchende Probleme locker und kreativ lösen.
- werden Sie weit mehr Freude an der Arbeit haben. Wo kleine Geister (die sich laufend Zeit „stehlen" lassen) gigantische Probleme wahrnehmen, sehen Sie faszinierende Herausforderungen, die Ihre Intelligenz und Ihre Fähigkeiten fordern!

Reflexion als Investition

Wenn Sie also wieder einmal glauben, unter dem Wust von zahlreichen, gleich wichtigen (?) Details ersticken zu müssen: Nehmen Sie sich einige weise investierte Minuten Zeit zur Reflexion. (Wer diese Zeit nicht investiert, wird weit mehr Zeit verlieren!)

Fragen Sie sich, was Sie wirklich erreichen wollen und warum? Notieren Sie Ihre Antworten (Stichworte genügen). Nun sehen Sie sich die vielen Einzeltätigkeiten an, die auf Sie warten, und schon werden Sie erkennen, welche wirklich wichtig sind. Die anderen können Sie nun guten Gewissens delegieren oder vergessen.

3. Erinnerung an die Zukunft ...

Falls Sie noch immer zweifeln sollten, wo Ihre höchsten Prioritäten im Leben liegen, schlage ich Ihnen eine weitere „Erkenntnis-Methode" vor: Schreiben Sie Ihren eigenen Nachruf!

Oder schreiben Sie die Rede, die ein(e) gute(r) Freund oder Freundin an Ihrem Grab halten könnte. (Was soll man einst über Sie sagen?)

Wichtig: So werden Sie schnell zu Ihren wirklichen Topprioritäten vordringen.

4. Innere Gelassenheit spart Zeit

Da wir alles, was wir wahrnehmen, automatisch immer relativ zu unseren Prioritäten wahrnehmen, können in bestimmten Situationen Mücken zu Elefanten werden (und umgekehrt). Die Managementtrainerin Vera F. Birkenbihl bezeichnet dies als das „Relativitäts-Prinzip der Psyche" und sagt: „Je größer Ihre Ziele sind, desto kleiner werden Ihre täglichen Probleme."

Beispiel:

Herr Krümel versucht hektisch, dutzende einzelner Arbeitsvorgänge zu erledigen; pro Arbeitstag verfolgt er so 20 bis 30 kleine Ziele. Jede Unterbrechung, jeder fehlende Bleistift, jede kleine Panne (zum Beispiel Kopierpapier muss nachgelegt werden, und es ist keine Reserve griffbereit) löst bei ihm Stress aus.

Herr Zielegroß hingegen konzentriert sich auf das übergeordnete Ziel: Er will bis zum 30. des Monats mindestens drei seiner ehemaligen Kunden wiedergewonnen haben. Sämtliche Tätigkeiten (zum Beispiel Fotokopieren) stehen im Dienste dieses großen Ziels. Kurze Zwangspausen (während des Kopierens oder beim Nachlegen von Papier) nützt er automatisch, um über sein Hauptthema nachzudenken. Also bringen sie ihn nicht vom Ziel ab, sondern unterstützen ihn vielmehr auf dem Weg dahin.

Somit können wir zusätzlich festhalten: Klare Ziele führen zu innerer Gelassenheit.

Außerdem verhindern klare Zielsetzungen eine „Verzettelung", weil man stets mit einem Blick erkennt, welche Aktivitäten uns dem Ziel näher bringen, welche uns auf der Stelle treten lassen und welche Dinge uns gar vom Weg zum Ziel abbringen werden.

Erfolgs-Tipp:

Eine „Faustformel" für Zeitgewinn: Klare Ziele lenken Ihre Energien automatisch in die richtigen Bahnen und *schaffen* Zeit, anstatt sie zu vernichten.

5. Zeitsparen am Telefon

Planen Sie Telefontermine? Wer eine Person am Telefon weniger ernst nimmt als „live", vergisst vollkommen, dass dieser Mensch am anderen Ende der Leitung ebenfalls lebt und mit seiner Zeit haushalten muss. Behandeln Sie daher Telefontermine genauso, als würden Sie einen Auswärtstermin wahrnehmen.

Leute, die ihre eigene Zeit effizient zu nutzen wissen, nehmen dankbar zur Kenntnis, wer ihre Zeit als wertvolles Gut schätzt und sie ihnen nicht zu stehlen versucht. Das trägt auch sehr positiv zur Förderung zwischenmenschlicher Beziehungen (beruflich wie privat) bei.

Die meisten Menschen haben kein gutes Zeitgefühl. Dies zeigt sich etwa bei Gesprächen und Verhandlungen aller Art. Das liegt an dem folgenden Phänomen: Während man die Zeit, die man selbst redet, dramatisch unterschätzt, neigt man dazu, die Sprechzeit anderer Menschen ebenso unrealistisch zu überschätzen.

Daraus ergibt sich die paradoxe Vorstellung, dass immer nur die anderen uns „Zeit stehlen" wollen (ohne zu berücksichtigen, wie viel Zeit unseres Kommunikationspartners wir oft mit unserem gedankenlosen Geschwätz blockieren), vor allem am Telefon.

Um eine effiziente Telefonkommunikation zu ermöglichen, könnten Sie den folgenden Tipp beherzigen.

Erfolgs-Tipp:

Planen Sie wichtige Telefonate schriftlich.

Gute Vorbereitung spart wertvolle Zeit

Obwohl es auf der Hand liegt, sollte es noch einmal betont werden: Denken Sie über wichtige Gespräche *vorher* nach. Wie es scheint, meinen zu viele Telefonpartner, dass „Nach"-Denken auch prinzipiell *im Nachhinein* stattzufinden hätte.

Gute Vorbereitung hat zwei Vorteile für Sie:

- Sie wissen vorab, was Sie wollen, und können trotz Unterbrechungen und gedanklicher „Seitensprünge" des Partners all Ihre Punkte „abhaken".
- Sie können dem Partner zu Gesprächsbeginn ankündigen, dass Sie heute XY (soundso viel) Punkte mit ihm besprechen wollen.

Natürlich suchen Sie notwendige Unterlagen zusammen, ehe Sie zum Hörer greifen. So werden Sie viel Zeit und Nervenkraft (Ihre und die des Partners) sparen.

So lernen Sie's: Die Sanduhrentechnik

Wenn Sie Ihr (Telefon-)Zeitgefühl schulen wollen, gehen Sie wie folgt vor:3)

Kaufen Sie sich drei Sanduhren (Drei-Minuten-Timer). Stellen Sie die erste Sanduhr auf den Schreibtisch, wenn Sie ein Telefonat beginnen, und lernen Sie, den rieselnden Sand im Auge zu behalten. Wenn Sie nach Ablauf der ersten Sanduhr nicht zum Ende finden können, fügen Sie die zweite Uhr hinzu und, falls nötig, die dritte. Ist das letzte Sandkorn durchgerieselt, sollte Ihr Hörer wieder auf der Gabel liegen. Denn: Länger darf kein normales Gespräch dauern – wirkliche Krisen ausgenommen.

Ausnahme: Telefonkonferenzen (etwa zwischen einem Werbeproducer und der Druckerei), bei denen ein längeres Telefonat ein persönliches, räumlich entferntes Treffen (oft mit Reise verbunden) ersparen kann.

Hinweis: Wenn mehr als 2 Prozent Ihrer Telefonate in die Kategorie „Krise" fallen, dann stimmt etwas nicht!

6. Zeitsignale am Telefon

Der US-Managementtrainer R. Alec Mackenzie[4)] betont, dass die Eröffnung eines Telefongespräches auch sein Ende bestimmt:

„Hallo, Herr Schulze, wie geht es Ihnen?" ist eine Einladung zu einem langen Gespräch über laufende Ereignisse, Familie, Tennis oder Urlaub.

Dagegen garantiert ein Satz wie „Guten Tag, Herr Schulze. Ich brauche schnell ein paar Auskünfte, wenn Sie eine Minute Zeit haben" ein kurzes Telefongespräch.

Wichtig: Signalisieren Sie zu Anfang des Telefonats, dass Sie den anderen nur kurz stören wollen, oder fragen Sie, ob Ihr Partner x Minuten Zeit für Sie hat. Somit kann er entscheiden, ob er in dieser Situation ein längeres Gespräch in Kauf nehmen will. Wer vorab nie einschätzen kann, wie lange ein Gespräch in etwa dauern wird, macht sich bald unbeliebt.

Erfolgs-Tipp:

Notieren Sie sich die Namen der Leute, mit denen es Ihnen schwer fällt, kurz und bündig zu telefonieren.

Beginnen Sie Gespräche mit diesen Personen in Zukunft prinzipiell im Stil meines oben beschriebenen Vorschlages. Sie werden erstaunt sein, wie viel Zeit Sie sparen.

Und lächeln Sie am Telefon! Wenn Sie lächeln, klingt Ihre Stimme automatisch heller, freundlicher und heiterer.

7. Spontanität am Telefon?

Kennen Sie die beiden Telefonunarten, die uns und anderen enorm viel Zeit kosten können?[5)]

- Spontananrufe
- Die vollautomatische Bitte um Rückruf, wenn wir jemanden nicht sofort erreichen können

Wenn wir diese beiden Unarten in den Griff bekommen, sparen wir noch einmal mindestens 15 Minuten an jedem Tag, an dem wir viel telefonieren (was für manche bedeutet: tagtäglich).

Verkneifen Sie sich Spontananrufe

Oft können solche Gespräche wegfallen. Das merken Sie spätestens, wenn Ihr Gesprächspartner gerade unerreichbar ist und Sie trotzdem weiterarbeiten können. Häufig kann ein kurzes Fax hier effizienter sein.

Daher empfiehlt sich folgendes Vorgehen: Ehe Sie wählen, stellen Sie sich die einfache Frage: Wenn ich heute nur noch ein Telefonat führen dürfte, würde ich ihn/sie dann anrufen? Lautet die Antwort Nein, dann können Sie getrost

- ein Fax schicken oder
- auf das nächste Telefonat mit dieser Person warten oder
- die Sache gleich vergessen.

Erfahrungsgemäß passt die letzte Antwort, „die Sache gleich vergessen", bei 70 Prozent aller Spontananrufe.

Vermeiden Sie die störende Rückrufmanie

Es gibt Leute, die fühlen sich furchtbar wichtig, wenn sie möglichst oft zurückgerufen werden. Sie werden jedoch bei jedem Rückruf regelmäßig aus der Arbeit gerissen, weil irgendjemand sie „braucht". Das ist zwar gut fürs Selbstwertgefühl, nicht aber für die Arbeit!

Wollen Sie effizient arbeiten, dann lernen Sie, die Rückrufmanie auf ein absolutes Minimum zu begrenzen.

Hinweis: Wenn ein Rückruf unumgänglich ist, klären Sie bereits vorher ab, wann Sie tatsächlich erreichbar sind, damit das Ringelreihen nicht weitergeht, weil man Sie jetzt nicht erreichen kann. Meinen Sie, das klappt?

Rufen Sie zur rechten Zeit an!

Erfahrungsgemäß gibt es Zeiten, zu denen (fast) alle versuchen, jemanden zu erreichen. Laut Auskunft der Telekom sind besonders beliebte Zeiten:

Vormittags:	9.15 – 10.45 Uhr
Nachmittags:	14.30 – 15.45 Uhr

Wenn es irgend möglich ist, sollten Sie außerhalb dieser „Stoßzeiten" telefonieren.

8. Telefonische „Missverständnisse"

Wenn Ihnen jemand am Telefon „Daten" durchgibt, beispielsweise Namen, Adressen, Telefon- und Faxnummern, dann können Sie die klassischen „Missverständnisse" auf ein absolutes Minimum reduzieren, wenn Sie die folgenden Tipps[6] anwenden.

Vier Tipps für effiziente Telefonnotizen

- **Rückkoppelung**

  Es ist unglaublich, wie viele Telefonpartner stumm mitschreiben oder allenfalls noch ein brummendes „Hm" von sich geben. Oft sind dies dieselben Leute, die später, wenn eine Panne passiert ist, darauf bestehen, wir hätten es ihnen falsch mitgeteilt. Diese Leute neigen auch dazu, wenn sie selbst Informationen weitergeben, im Zweifelsfall später zu betonen: „Sie haben mich missverstanden!"

  Umgehen Sie daher all diese Probleme, indem Sie immer laut und deutlich rückkoppeln, was Sie gehört haben.

- **Rückkoppelung mit Eselsbrücken**

  Hören Sie beispielsweise den Namen „Peter Weinberg", dann fragen Sie doch einfach „Wein wie Bier" oder „Berg wie Tal?"

  Oder Sie glauben zu hören „Maria Seife", und Sie testen Ihre Annahme mit: „Wie Seife zum Waschen?" Vielleicht sagt Ihr Gesprächspartner nun: „Nein, nein! Seyfe – mit ‚Emil' und ‚Ypsilon' ..."

  Diese Art der Erfolgskontrolle ist weit effizienter, als das einfache Nachsprechen dessen, was man glaubt, gehört zu haben (da wird dann regelmäßig „Seife" aus „Seyfe" oder Seidel aus Speidel usw.). Im Übrigen geht die „Eselsbrückentechnik" weit schneller, als jeden Namen zu buchstabieren. Außerdem trainieren Sie dadurch Ihre Kreativität.

noch: Vier Tipps für effiziente Telefonnotizen

- **Zahlen (Postleitzahl, Telefon-, Faxnummern)**

  Statt bei den einzelnen Zifferngruppen nur „Hm" zu sagen und am Ende die komplette Zahl noch einmal herunterzurasseln – *wiederholen Sie jede Teilzahl sofort*. Denn erstens kann es sein, dass Ihr Partner, noch während er Ihnen die letzte Zahlengruppe nennt, das Notizbuch wieder zuklappt und bei Ihrer Wiederholung gar nicht mehr hinschaut. Zweitens können viele Menschen Zahlen schnell hintereinander aufgezählt gar nicht richtig aufnehmen, so dass trotz Rückkoppelung die Gefahr von Missverständnissen besteht.

- **Ziffern sind leichter verständlich als Zahlen**

  Da viele dies nicht beherzigen, neigen Deutsche zu „Verdrehern" und schreiben dann „82" statt „28" auf. Das liegt an unserer absurden Zählweise im Deutschen.

Während man in den romanischen Sprachen (und im Englischen) die Zahlen so sagt, wie man sie denken müsste: *zwanzig-acht, vierhundert-fünfzig-sieben*, sagen wir im Deutschen zwar „rückwärts" *achtundzwanzig*, aber wir sagen trotzdem nicht analog: *siebenfünfzigundvierhundert*, sondern halb von hinten, halb von vorne: *vierhundertundsiebenundfünfzig*.

Natürlich fällt es vielen Menschen schwer, laufend „um die Ecke" denken zu müssen. Respektieren Sie das bitte, statt ungeduldig zu reagieren (zum Beispiel, wenn Sie mit einem Kunden oder mit einem Mitarbeiter sprechen, der vielleicht „kein so brillantes Zahlengefühl" wie Sie hat).

9. 900 Sekunden pro Tag

Bitte lösen Sie, ehe Sie weiterlesen, zuerst die folgende Aufgabe.

Aufgabe: Errechnen Sie Ihr Zeitpotenzial

Bitte beantworten Sie nachfolgende Frage zweimal: Im ersten Ansatz sollen Sie *spontan* raten. Schätzen Sie die Zahl einfach „aus dem hohlen Bauch". Erst im zweiten Ansatz dürfen Sie rechnen. Dabei ist wichtig, wie nahe Ihre erste spontane Schätzung der anschließend errechneten Lösung kommt. Also, machen Sie mit? Dann lesen Sie die Aufgabe:

Angenommen, es erschiene Ihnen im Traum ein Engel und teilte Ihnen mit, man habe „da oben" beschlossen, Ihnen jeden Tag Ihres Lebens fünfzehn Extra-Minuten zu schenken.

Wie viel Zeit pro Jahr gewännen Sie dadurch?

Ihre spontane Schätzung: . . . .

Jetzt dürfen Sie rechnen.

Ihr errechnetes Ergebnis? . . . .

Haben Sie wirklich gerechnet? Dann lesen Sie bitte weiter: In ihrem spannenden und unterhaltsamen Buch *Der große Ideenklau* rechnen uns die Autoren Ray Considine und Murray Raphel vor, was passieren würde, wenn wir pro Tag fünfzehn Extra-Minuten gewinnen könnten:[7)]

„Fünfzehn Minuten pro Tag ergeben elf Achtstundentage im Jahr. So könnte man beispielsweise jeden Tag fünfzehn Minuten lang lesen, Ziele aufschreiben, Gymnastik machen oder tanzen."

Angenommen, Sie hätten diese fünfzehn Extra-Minuten pro Tag: Wofür würden Sie diese nutzen wollen? (Bitte unten eintragen.)

. . . .

. . . .

. . . .

. . . .

. . . .

10. Keine Zeit zum Lernen?

Ohne Zweifel sind wir – per Lippenbekenntnis – alle für lebenslanges Lernen. Gleichzeitig finden wir zu selten Zeit, konkret etwas zu unternehmen. Ja, ja, wir lesen Bücher wie diese – aber was unternehmen wir dann konkret? Wie viele der Anregungen greifen wir auf? Wer hat sich durch die vorangegangenen Seiten animieren lassen, persönliche und berufliche Ziele sofort zu überprüfen bzw. neu zu formulieren?

Falls Sie hier ehrlich „Ich!" rufen konnten, dann sind Sie eine große Ausnahme. Die Mehrheit, das zeigt die Erfahrung, belässt es an vielen Stellen bei zustimmendem Kopfnicken; konkrete Taten folgen leider allzu selten.

Jeden Tag fünfzehn Minuten für Ihre Persönlichkeit

Sie sollten es sich tatsächlich leisten, täglich fünfzehn Minuten „zu investieren", in denen Sie an Ihrer Persönlichkeitsentwicklung arbeiten, an der Verbesserung Ihrer beruflichen Professionalität feilen oder eine Sprache lernen.

Fünfzehn Minuten Selbstverbesserung täglich entsprechen zunächst den elf Achtstundentagen, wie Considine und Raphel feststellen. Da man jedoch jede Fünfzehn-Minuten-Sequenz nonstop konzentriert durcharbeiten kann, während man bei einem Achtstundentag diverse Pausen einplanen muss, entsprechen diese fünfzehn Minuten pro Tag genaugenommen einer Zwei-Wochen-Weiterbildungsmaßnahme.

Nach zehn Jahren hätten Sie demnach bereits das Äquivalent von zwanzig Ausbildungswochen gewonnen. Und nach 25 Jahren haben Sie sich ein ganzes Lernjahr geschenkt.

Sie kennen den Satz vom „Kleinvieh, das viel Mist macht". Und wie Sie wissen, kann Mist als „Dünger" wirken, um Wachstum zu fördern. Fünfzehn Minuten intelligent genutzte Lernzeit pro Tag wachsen schnell zu einer Menge „Mist" heran, der stetiges Persönlichkeitswachstum garantiert.

11. Wissen – mühelos erwerben/ erweitern?

Möchten Sie Ihr Wissen (Fachwissen) oder Ihre Allgemeinbildung mühelos erweitern, ohne auch nur eine Minute Ihrer wertvollen Arbeits- oder Freizeit opfern zu müssen?

Dann greifen Sie diesen Tipp auf. Zum einen gibt es inzwischen zahlreiche Wissenskassetten (Hörbuch), die Sie unterwegs (im Radio) hören können, um „tote" Zeiten sinnvoll zu nutzen.

Zum anderen können Sie sich Fachartikel oder andere Texte auf Band lesen (oder lesen lassen), so dass es Ihnen an Informations- oder Bildungskassetten nie mangeln wird.

So ist etwa vorstellbar, dass Sie heute drei Stunden unterwegs sind, von denen Sie die halbe Zeit solche Kassetten hören (90 Minuten), und dass Sie nächste Woche wieder eine Stunde hören usw. Sie könnten so auf leichte Art eine wertvolle Angewohnheit entwickeln.

Bei einem statistischen Durchschnitt von nur sechzehn Minuten pro Tag lernen Sie auf diese Weise knapp hundert Stunden pro Jahr, ohne dass Sie auch nur eine Minute Ihrer wertvollen Arbeits- oder Freizeit opfern mussten.

Das entspricht einmal umgerechnet mehr als fünfzehn vollen Kongresstagen (im Vortragsstil). Ist das nichts?

12. Zeitmanagement

Die meisten Leute stellen sich unter Zeitmanagement eine reine Zeitplantechnik vor. Ob per Zeitplanbuch oder am Bildschirm Ihres Computers praktiziert – die Regeln sind immer die gleichen:

- Alle Termine eintragen
- Sekretär/in muss alle Termine kennen
- Anfallende Tätigkeiten in A-, B- und C-Arbeiten einteilen

Ohne klare Prioritäten keine effiziente Zeitplanung

Wenn Sie sich über Ihre Ziele nicht im Klaren sind, kann hier das Problem beginnen.

Ohne klare Prioritäten ist keine Unterscheidung zwischen einer A-Tätigkeit (höchste Priorität, unbedingt heute erledigen) und einer C-Tätigkeit (bei Gelegenheit durchführen) möglich. Der Rest hängt stark von Ihrer Arbeitsumgebung ab.

So hat jemand, der viele Termine im eigenen Büro wahrnimmt, andere Zeiteinteilungsaufgaben als etwa ein reisender Berater. Ein freier Schriftsteller ohne Mitarbeiter hat andere Zeitprobleme zu lösen als der Chef eines größeren Teams. Der Soloartist muss jede Kleinigkeit selber machen, während der Chef/die Chefin damit rechnen muss, dass seine/ihre Mitarbeiter Fragen oder Probleme besprechen wollen.

Übrigens: Wer nie Zeit für seine Mitarbeiter/innen hat, sollte seine Prioritäten überprüfen. Er sollte sich dringlich die Frage stellen: Sind bestimmte Arbeitsabläufe wirklich wichtiger als die Menschen, die unseren Erfolg überhaupt ermöglichen?

Wenn Sie wieder einmal nicht entscheiden können, welche der vielen Angelegenheiten, um die Sie sich – wie Sie meinen – heute eigentlich „unbedingt" höchstpersönlich kümmern müssten, wirklich wichtig sind, dann spielen Sie doch in Gedanken einmal folgenden Fall durch:

Fragen Sie sich: Welche Dinge würde ich heute erledigen müssen, wenn ich wüsste, dass ich noch heute ins Krankenhaus müsste und dadurch sechs Wochen lang abwesend wäre?

Es ist Ihnen natürlich klar, dass sich in diesen sechs Wochen neue Dinge ansammeln werden. Also können Sie es sich nicht leisten, heute schon einen Riesenberg (mit dem Vermerk: „Nach Krankenhausaufenthalt zu erledigen") aufzutürmen. Denken Sie scharf nach, setzen Sie Prioritäten. Sie werden sich wundern, mit welcher Klarheit Sie die Vorgänge auf Ihrem Schreibtisch jetzt sehen und sortieren können:

Fragen Sie sich bei jedem Vorgang:

- Ablage „Papierkorb" möglich?
- Delegieren möglich?

Neben der bewussten Auswahl der wirklich wichtigen Arbeitsvorgänge sollten Sie bei Ihrer Zeitplanung einen weiteren Parameter berücksichtigen – Ihre persönliche Leistungskurve.

Berücksichtigen Sie Ihre persönliche „Hoch"-Zeit

Jeder Mensch hat solche Zeiten, in denen er besonders gut „drauf" ist und mühelos schwierigste Arbeiten lösen kann. Legen

Sie daher Arbeiten, für die Sie besonders hohe Konzentration oder viel Energie benötigen, auf Ihre persönlichen „Hoch-"Zeiten.

Zusatzinfo: Je wichtiger die von Ihnen während Ihrer stärksten Arbeitsphasen bearbeiteten Ziele sind, desto weniger „sacken" Sie in den anderen Zeiten ab. Und umgekehrt: Je kürzer Ihre „Hoch"-Zeiten sind, desto mehr leben Sie an den eigentlichen Zielen Ihres Lebens vorbei. Häufige Müdigkeit etwa ist hier ein deutliches Symptom. Es ist nie die Arbeit als solche, die Stress auslöst – es sind die Tätigkeiten, die uns nicht an unsere eigenen Ziele gelangen lassen, oder auch unbefriedigende zwischenmenschliche Beziehungen. (Vergleichen Sie auch Kapitel 4: „Soziale Kompetenz".)

13. Unterbrechungen

In zwei Jahrzehnten Beratertätigkeit musste ich immer wieder feststellen, wie viele Menschen (dies gilt in gleichem Maße für Mütter, Verkäufer/-innen, Sachbearbeiter/-innen wie für Topmanager/-innen) zwar über Zeitprobleme klagen, aber gerade darin der eigentliche Reiz für sie zu liegen scheint: Sie *wollen* klagen (unbewusst, versteht sich). Sie glauben nämlich, Geschäftigkeit stelle ein Indiz für die Wichtigkeit ihrer Person dar. Unabhängig davon, was diese Leute behaupten: Sie lieben jede Unterbrechung, denn das signalisiert ihnen: Du bist wichtig. Jemand braucht dich. Du musst dich sofort um irgendetwas kümmern. Das Fatale daran ist, dass diese Menschen alle Unterbrechungen, die sie erleben, als gleich wichtig einstufen.

Je energischer Sie diese Idee ablehnen, je lauter Sie jetzt widersprechen würden (wenn Sie mit mir reden könnten), desto wahrscheinlicher ist es, dass auch Sie (bis zu einem gewissen Grade) vom Geschäftigkeitsbazillus befallen sind. Wenn Sie ganz sicher sein wollen, horchen Sie einmal in sich hinein und spielen folgende Inventurübung[8)] durch:

Übung: Ihre persönliche „Inventur"

Zehn Tage lang denken Sie mindestens fünf Minuten täglich intensiv über Ihren Alltag nach. Dabei stellen Sie sich ausschließlich die Frage: Wie wäre es, wenn es ab morgen keine einzige Unterbrechung mehr gäbe? Malen Sie sich das bitte in allen Einzelheiten aus. Dabei geht es vor allem um Ihre Gefühle. Stellen Sie ganz ehrlich fest: Würden Sie sich tatsächlich erleichtert fühlen, wenn Sie Ihre Arbeit(en) voll konzentriert und ohne jede Störung „durchziehen" könnten, oder ...? Falls Sie feststellen, dass bei solch einem Gedanken statt einer großen Erleichterung eher panikartige Gefühle auftreten, dann sollten Sie die Konsequenzen ziehen. Denn wenn man keine klaren Prioritäten setzt, dann erscheinen einem alle Aufgaben und Unterbrechungen gleich wichtig.

Was „brennt" Ihnen wirklich „unter den Nägeln"? Angenommen, Sie säßen beim Fernsehen, und plötzlich bräche ein Feuer aus. Wen oder was würden Sie zuerst retten? Wie schnell würden Sie das Haus verlassen? Die Antworten werden Ihnen hier nicht schwer fallen, weil Sie in diesem Fall Ihre Prioritäten klar erkennen können.

Aber wie sieht es aus, wenn Sie gerade einen wichtigen Brief abfassen – und der Kollege vom Nachbarraum steckt den Kopf herein und will Sie mal schnell etwas fragen? Oder Sie sind im Begriff, einen Beitrag für den Geschäftsbericht Ihrer Firma zu korrigieren – und das Telefon klingelt?

Soziale Kompetenz

4

*„Wir haben nicht das Recht, etwas zu sagen oder zu tun,
das den anderen in seinen eigenen Augen erniedrigt.
Wichtig ist nicht, was wir von ihm denken,
sondern was er von sich denkt. Einen Menschen
in seiner Würde zu verletzen, ist ein Verbrechen."*

Antoine de Saint-Exupéry

1. Liebe deinen Nächsten ...?

Wir Deutschen gelten im Bereich sozialer Kompetenz als schwach, dafür sind wir zuverlässig und leistungsstark; doch sind wir weder für Höflichkeit noch für Herzensbildung berühmt.

Wir registrieren meist sehr schnell, wenn es unserem Gegenüber an Takt oder Einfühlungsvermögen mangelt. Es verletzt uns. Wir fühlen uns nicht genügend respektiert, nicht ernst genommen, nicht wertgeschätzt. Das drückt auf unser Selbstwertgefühl. Oft nehmen wir dem anderen das sogar unbewusst übel. Wenn wir unsere Gefühle nicht bewusst wahrnehmen, hängen wir unsere Abneigung gerne an irgendeinem Detail auf und behaupten dann, es sei eben dieser eine Aspekt, der uns zwingt, diesen Menschen abzulehnen (beispielsweise sein politischer Standpunkt).

Es stellt sich hier die Frage: Inwieweit „weiß" ich um dieses Problem, und inwieweit kann ich im „harten Alltag" (beruflich wie privat) damit umgehen?

Hinweis: Wenn Sie ein erfolgreicher Einsiedler werden wollen, können Sie die folgenden Seiten getrost vergessen.

Soziale Kompetenz und gewinnende Kommunikation

Wenn Sie Ihren Erfolg nur erringen können, wenn andere Ihnen helfen oder sich von Ihnen motivieren lassen (etwa Kunden oder Mitarbeiter), dann sollte es zu einem Ihrer vorrangigsten Ziele gehören, Ihre soziale Kompetenz zu erhöhen.

Egal, wie gut Sie bereits kommunizieren können: Es ist (fast) immer noch eine Verbesserung möglich. Zumindest an Ihren „schlechten" Tagen. Frei nach dem Motto von Boris Becker: „Es kommt nicht darauf an, wie gut ich bin, wenn ich *gut* bin, sondern wie gut ich bin, wenn ich schlecht bin."

Bitte bedenken Sie auch die Urgroßmutter aller Banalitäten: Wie man in den Wald hineinruft …

Wichtig: Wenn Sie „gut drauf" sind und Sie sich aktiv darum bemühen, positiv „in den Wald" hineinzustrahlen, dann vitalisieren Sie jeden Menschen, der mit Ihnen in Berührung kommt.

Man kann auf der anderen Seite natürlich ständig warten, ob andere freundlich zu uns sind, und dann (sozusagen als deren „Echo im Wald") reagieren. Aber man kann auch selbst bewusst handeln und auf diese Weise die Reaktionen der anderen beeinflussen.

Wenn Sie an Menschen denken, die häufig mit hängenden Mundwinkeln und lustlosem Tonfall herumlaufen, dann ist Ihnen klar, wie sehr diese Leute es schaffen können, Ihre Umwelt (beispielsweise Kollegen, Familienmitglieder) emotional „herunterzuziehen". Und umgekehrt.

Erfolgs-Tipp:

Wenn Sie in Ihrem Auftreten Sympathie und Freundlichkeit ausstrahlen, wird sich dies sicherlich positiv auf Ihre nähere Umgebung auswirken.

2. Banalitäten und Gemeinplätze

Wir neigen regelmäßig dazu, als „Banalität" abzuwehren, was wir theoretisch zwar bereits wissen (kennen), aber im Alltag oft nicht ausleben (können). Testen Sie sich im folgenden Kapitel einmal ehrlich: Wie gehen Sie mit den später angesprochenen sechs „Banalitäten" in Ihrem Alltag um?

Um diese typische Grundhaltung zu entlarven, hat die Managementtrainerin Vera F. Birkenbihl den nach ihr benannten Banalitätstest erfunden. Sie erläutert ihn ihren Hörern immer dann, wenn sie vorhat, einige „Banalitäten" aufzugreifen.

Der Birkenbihl-Banalitätstest

Wir neigen dazu, Informationen, die uns bekannt sind, in zwei Kategorien einzuteilen: Einerseits gibt es Gedanken, die wir kennen und praktisch leben. Wenn sie uns in Sprache oder Druck begegnen, nicken wir ernsthaft mit dem Kopf und sagen: „Wie wahr." Begegnet uns jedoch ein Gedanke, den wir zwar kennen, im täglichen Leben jedoch missachten (etwa dass wir unsere Mitmenschen viel häufiger mit Namen ansprechen sollten), dann neigen wir dazu, müde abzuwinken und die Idee als lange überholte „Binsenweisheit" oder „Banalität" abzuqualifizieren. Deshalb schlägt die querdenkende Managementtrainerin vor, mit solchen Ideen den Birkenbihl-Banalitätstest durchzuführen:

- Notieren Sie den Gedanken, der Ihnen so banal erscheint, auf ein Stück Papier, kleben Sie ihn an eine Stelle, an der Ihr Auge ihn in den nächsten Tagen mehrmals erfassen wird (notfalls auf die Toilette!). Dort lassen Sie ihn drei Tage hängen.
- Wenn Sie den Gedanken nach dieser Zeit immer noch als banal einstufen, dann werfen Sie den Gedanken (und den Zettel) in den Papierkorb.
- Sie werden sich wundern, wie oft Sie am zweiten oder dritten Tag feststellen, dass es vielleicht doch von Vorteil wäre, diese Idee im eigenen Leben praktisch umzusetzen!

Banal ist nur, was Sie als „banal" einstufen. Denken Sie an solche Banalitäten wie beispielsweise: „Wie man in den Wald hineinruft, so schallt es zurück." Oder: „Behandle alle Menschen so, wie du selbst von ihnen behandelt werden möchtest." Gemeinplätze? Aber sicher. Sind die Ideen dadurch weniger relevant? Wohl kaum.

Prüfen Sie in Zukunft prinzipiell alle Ideen, die Ihnen (nicht nur in diesem Buch) begegnen, auf ihren eigentlichen Wert.

Unbewusste Abwehr begrenzt unseren Horizont

Wenn Sie einen Gedanken gut finden, dann integrieren Sie ihn in Ihr Leben und kümmern Sie sich nicht um jene, die aus Faulheit darauf hinweisen, dass die Idee nicht gerade neu ist. Denn darauf kommt es gar nicht an.

Die Grenze unseres derzeitigen geistigen Horizonts heißt Abwehr. Doch besteht nicht gerade die Kunst darin, unsere derzeitigen Grenzen zu erweitern?

3. Welchen dieser fünf Grundsätze leben Sie (ganz ehrlich!) tagtäglich wirklich aus?

Interessieren Sie sich wirklich für andere mindestens so intensiv, wie Sie hoffen, dass andere sich für Sie interessieren!

Wenn Sie ehrlich sind – leben Sie wirklich täglich gemäß dieser Regel? Eine Reihe von Studien hat immer wieder gezeigt: Man hält diejenigen Leute für besonders intelligent, kompetent und professionell, die gut zuhören können, nicht die Monologisierer vom Dienst. Leider hat sich das noch zu wenig herumgesprochen, weshalb die meisten Chefs, Kundenberater und Verkäufer immer noch zu viel reden.

Wenn Sie gegensteuern wollen, stellen Sie zu Beginn eines jeden wichtigen Gesprächs einige Fragen und lauschen Sie, so dass Sie zunächst dem anderen aufmerksam zuhören. Fragen Sie beispielsweise nach seiner Meinung zu einem Thema, das derzeit aktuell ist, wenn Sie Ihr eigenes Anliegen nicht fragend angehen wollen. Damit setzen Sie ein wichtiges Signal auf der Gefühlsebene („Du bist mir wichtig"). Selbst wenn Sie im späteren Verlauf der Unterredung im „Eifer des Gefechts" zu viel reden sollten, haben Sie dies durch Ihren Einstieg ausgeglichen.

Wichtig: Wer unfähig ist, als Vorbereitung zu einem halbstündigen Gespräch die ersten drei Minuten dem anderen zu schenken, darf sich nicht wundern, wenn er im zwischenmenschlichen Bereich zu viele Probleme hat!

Respektieren Sie die Gefühle anderer!

„Respektieren" heißt hier nicht, dass Sie diese Gefühle unbedingt teilen müssen.

Aber Sie können respektieren, *dass* jemand Wut, Zorn, Trauer oder Verlegenheit erlebt. Das fällt uns oft sehr schwer. Wir halten uns für das Zentrum eines Universums, an dessen Rändern „läppische kleine Fixsterne" (= andere Menschen) auftauchen. Wir können uns nur schwer auf sie einstellen, wenn sie anders empfinden als wir.

Beispiel:

Es regt sich jemand „maßlos" über eine Kleinigkeit auf. Versuchen Sie ihm nicht klarzumachen, dass das (in *Ihren Augen*, wohlgemerkt) eine Kleinigkeit ist. Wenn er es so empfinden würde, würde er sich ja nicht so aufregen! Respektieren Sie seinen Zorn, Schmerz usw. als Signal, dass er sich getroffen fühlt, und stellen Sie sich darauf ein. Drücken Sie Anteilnahme aus, und sagen Sie etwa: „Ich sehe, dass es Sie sehr belastet, wie kann ich Ihnen helfen?"

Seien Sie besonders freundlich und kollegial zu Menschen, die Sie nicht mögen

Mit Leuten, die ähnlich denken, handeln und empfinden wie wir, fällt die Kommunikation leicht. Darum müssen Sie sich nicht bemühen. Die Kunst besteht jedoch darin, mit Mitmenschen klarzukommen, die in unseren Augen „anders" sind. Hier neigen wir oft dazu, unsere Ablehnung (Abwehr) zu signalisieren, ohne Rücksicht auf die Gefühle dieser Menschen.

Mein Vorschlag: Malen Sie sich den Satz von Antoine de Saint-Exupéry auf ein Poster und hängen Sie es an die Wand, um immer wieder daran erinnert zu werden.

Lächeln Sie oft!

Egal, was Sie tun, Sie beeinflussen Ihre Umwelt immer. Wenn Sie missmutig dreinschauen, wird man Ihnen ähnlich begegnen. Wie man in den Wald hineinlächelt …

Gestehen Sie jedem seine eigene Vergangenheit zu!

Nichts nervt uns mehr, als wenn wir jemandem etwas erzählen und er entgegnet mit wissender Miene:

„Kenne ich!"

„Habe ich schon vor Jahren …"

„Alter Hut!"

Es mag ja stimmen, dass die Sache für den anderen so neu nicht ist. Aber wir finden sie in diesem Moment interessant, faszinierend oder bedrückend, und wir wollen jetzt, dass der andere auf uns eingeht und uns nicht besserwisserisch seine Vergangenheit aufzwingt.

Genauso ist es umgekehrt. Denken Sie bitte daran, wenn ein Mitmensch (beispielsweise ein Kunde oder Ihr Kind) Ihnen etwas erzählen will, was Ihnen nicht gerade neu oder wichtig erscheint …

4. Profitieren Sie aus Ihren Fehlern?

Warum trifft eine „intelligente" Rakete ihr Ziel? Weil sie ständig Fehler macht, die laufend korrigiert werden. Wer alles sofort perfekt machen will, lebt im Dauerstress.

Wichtig: Es ist nicht der Fehler, der uns ärgert. Es ist unsere Angst vor Fehlern.

Diese Angst wurde uns eingeredet; also können wir sie uns auch wieder ausreden. Jedesmal, wenn Ihnen ein Fehler unterläuft, sagen Sie: „O.k., mir ist ein Fehler unterlaufen. Was kann ich daraus lernen, damit er sich gelohnt hat?"

Mark McCormack[9)] schlägt Führungskräften (und solchen, die es werden wollen) eine Strategie vor, die von jedem Menschen mit viel Gewinn angewendet werden kann:

„Täglich mindestens einmal sagen:

Ich habe mich geirrt.

Ich weiß es nicht.

Helfen Sie mir!"

Der britische Managementtrainer Paul Smith meint, man solle täglich mindestens einmal unaufgefordert von einem Fehler erzählen, den man neulich begangen hat. Erstens sendet man klare Signale (im Sinne McCormacks), zweitens wird es anderen viel leichter fallen, uns zu erzählen, was sie gerade falsch gemacht haben. Deshalb rät Paul Smith:

„Erzählen Sie anderen freiwillig von Fehlern, die Ihnen unterlaufen sind. Lachen Sie mit den anderen über sich selbst. Und akzeptieren Sie Fehler als wunderbare Quelle, um zu lernen:

Der Fehler selbst kann lehrreich sein, oder wir lernen Toleranz uns selbst gegenüber."

Als Paul Smith seine Strategie vor einem großen Auditorium im Düsseldorfer Arabella-Hotel erläuterte, gab er sogleich ein Beispiel:

Beispiel:

Als ich gestern Abend am Flughafen ankam, tat ich, ohne nachzudenken, was ich normalerweise tue: Ich packte meine Gepäckstücke, marschierte zum Ausgang, setzte mich ins erstbeste Taxi und sagte: „Bitte zum Arabella-Hotel." Erst als der Mann mich ansah, als wäre bei mir eine Schraube locker und auf dieses Gebäude deutete, wurde mir klar, dass dieses Hotel sich direkt am Flughafen befindet. Früher wäre ich mir ziemlich dämlich vorgekommen, aber seit ich gelernt habe, zu meinen Fehlern zu stehen, dachte ich mir: „Zumindest ist es ein gutes Fallbeispiel für den Vortrag morgen!"

5. Reagieren Sie positiv auf Fehler anderer?

Dale Carnegie,[10)] der Altmeister des positiven Umgangs mit anderen, erzählt uns folgendes Fallbeispiel: Als der neue Manager eines Stahlkonzerns im Amerika der 30er Jahre einen Fehler gemacht hatte, der die Firma eine Million Dollar kostete, wurde er zum höchsten Boss gerufen. Dieser bot ihm einen Stuhl an. Der junge Manager setzte sich auf die vorderste Stuhlkante (Fluchtposition) und meinte: „Ich nehme an, Sie werden mich jetzt feuern." Darauf antwortete der Firmenchef: „Wieso denn? Wir haben gerade eine Million Dollar in Ihre Ausbildung investiert, wieso sollten wir Sie jetzt feuern?"

Und wie reagieren wir normalerweise beim kleinsten Fehler unserer Mitmenschen? Wenn Sie das nächste Mal zur Schelte ansetzen wollen, denken Sie

- an die Aussage von Exupéry (am Anfang dieses Kapitels), vor allem an den letzten Satz, und
- an den oben beschriebenen Firmenboss. Fragen Sie sich, was *er* jetzt wohl gesagt hätte.

Falls Sie ehrlich feststellen müssen, dass Sie in der Vergangenheit manchmal relativ leicht „rumgemeckert" und kritisiert haben (gratuliere, Sie sind völlig normal), dann könnte Ihnen die folgende Aufgabe helfen, einen weiteren wertvollen Grundsatz zu beherzigen, nämlich den: Versetze dich in den anderen.

Vorsicht bei Abwesenden

Seien Sie großzügig, wenn es um die Fehler abwesender Personen geht. Es ist furchtbar leicht, eine Panne auf Frau Müller zu schieben, die gerade nicht da ist. Das schafft dreifach böses Blut:

- Die verpetzte Frau Müller wird Ihnen das übel nehmen.
- Der Mensch, dem Sie das sagen, wird Sie dafür verachten.
- Sie selbst werden sich nicht lieben können, wenn Sie Ihr Selbstwertgefühl auf Kosten anderer aufpolieren.

Aufgabe: Zwei Situationen Ihres Lebens

Bitte erinnern Sie sich an zwei Situationen Ihres Lebens:

- Sie haben einen Fehler gemacht, und jemand hat Sie wie einen „Deppen" behandelt. Wie haben Sie sich dabei gefühlt?
- Sie haben einen Fehler gemacht, aber jemand hat sich Ihnen freundlich zugewendet. Wie haben Sie sich in dieser Situation gefühlt?

Und: Haben Sie aus diesem Fehler gelernt?

„Lob wirkt auf den Geist des Menschen wie Sonnenschein; ohne ihn können wir nicht wachsen und blühen.

Aber weil die meisten von uns darauf versessen sind, den anderen mit dem kalten Wind der Kritik anzublasen, zögern wir (zu oft), die wärmende Sonne des Lobs zu spenden."

(Jess Lair)

6. Das L.S.O.-Geheimnis

Bitte notieren Sie jetzt (in Stichworten) mindestens drei Situationen, in denen Sie gelobt wurden.

. . . .

. . . .

. . . .

. . . .

. . . .

Falls Sie Probleme hatten, sich spontan an einige dieser Situationen zu erinnern, dann ist Ihnen bewusst geworden, wie selten andere uns ein Lob spenden.

Wie alle Erfolgsberater seit Jahrzehnten immer wieder betonen, ist Lob das schönste Geschenk, das man jemandem machen kann (ja, auch dem Kunden!). Gleichzeitig sind die meisten Mitmenschen furchtbar geizig mit Lob. Ebendarum hat es solche Wirkung, wenn man eines ausspricht.

Erfolgs-Tipp:

Eine der größten Erfolgsstrategien lautet: *Loben Sie jeden Tag Ihres Lebens mindestens eine Person!* Das kann ein Familienmitglied sein, eine Nachbarin, ein Freund, eine Kundin, ein Mitarbeiter, also Personen, die Sie regelmäßig sehen. Aber es kann auch ein fremder Mensch sein, beispielsweise der Ober in dem überfüllten Restaurant, die junge Frau in der chemischen Reinigung oder der Tankwart.

Bei dieser Erfolgsstrategie gewinnen Sie dreifach:

- Sie erfreuen die Person, die Sie loben.
- Sie selbst profitieren von dieser Freude, denn es ist schon ein gutes Gefühl, wenn man jemanden erfreuen kann.
- Sie lernen, anders wahrzunehmen, weil Sie bewusst „suchen", was Sie lobend erwähnen können. Und Sie wissen ja: Suchet, und ihr werdet finden.

Ach ja, jetzt wollen Sie sicher noch wissen, was die Abkürzung „L.S.O." in der Überschrift heißen soll? Ganz einfach: **L**oben **S**ie **o**ft; **L.S.O.**

7. Geistiger Sonnenschein

Zeigen Sie Anerkennung, etwa durch Blicke oder Kopfnicken, und signalisieren Sie Ihre Bereitschaft, aufmerksam zuzuhören. Profis machen öfter richtige Komplimente. Dadurch gewinnen Sie erneut dreifach:

- Da Sie sich auf Positives konzentrieren müssen, lernen Sie, mehr positive Aspekte an Ihren Mitmenschen wahrzunehmen.

- Sie gewinnen das Wohlwollen dieser Personen, denn die unbewusste innere Haltung lautet: Wer mich akzeptiert, den mag ich auch; für diesen Menschen bin ich auch bereit, mich einzubringen.
- Sie spenden „Sonnenschein“. Genau wie Sonnenschein in der Natur durch seine Wärme unabdingbare Voraussetzung für Leben ist, bewirkt auch Ihre Wärme, dass Menschen in Ihrer Nähe *wachsen und gedeihen*.

Bei dieser Art von „Sonnenschein“ gilt: Geben ist seliger als Nehmen.

Öfter mal danke sagen?

Wussten Sie, dass Deutsche in Europa nicht sehr gut abschneiden, wenn es um die Höflichkeit geht? Wir sagen zu 60 Prozent seltener bitte und danke als Briten, wobei unsere angelsächsischen Freunde Meister im Versenden kleiner Dankeskurzbriefe sind! Gibt es Menschen, denen Sie ein kleines „Danke“ zukommen lassen können?

Denken Sie daran:

- Jeder Mensch freut sich über ein „Danke“, von der Toilettenfrau bis zum Generaldirektor.
- Leute, denen Sie ab und zu bewusst danken, werden Ihnen gerne entgegenkommen, wenn Sie einmal (wieder) eine schnelle Information oder Hilfe brauchen.

8. So erzeugen Sie Wunder!

Dale Carnegie, einer der Altmeister aller „Erfolgspsychologen“, weist wiederholt darauf hin, dass wir unsere Mitmenschen *nicht kritisieren* sollen. Und er verdeutlicht an einer Reihe von Beispielen, wie man ohne Kritik viel weiter kommt. Eines davon handelt von einem Zahnarzt:

Versetzen Sie sich in die Position eines Zahnarztes, der von einer Patientin darauf aufmerksam gemacht wurde, dass die Glashalter nicht gerade sauber sind. Sie haben eine (kleine) Praxis und eine Dame, die zweimal pro Woche zwei Stunden kommt, die Praxis zu putzen. Es sind nicht allzu viele Flächen abzuwischen, der Boden hat einen pflegeleichten Belag, und die Gläser werden täglich von Ihrer Sprechstundenhilfe gereinigt.

Nun deutet eine Patientin auf den verchromten Glashalter und bemängelt unzureichende Hygiene, und das bei einem Zahnarzt.

Nehmen wir an, es sei Ihnen peinlich. Nehmen wir an, Sie kommunizieren normalerweise nur per Brief mit der Reinigungsdame, da sie zumeist spätnachts (wenn ihre Kinder schlafen) arbeitet. Nehmen wir an, Sie schreiben ihr ein paar Zeilen. Ziel: Die Dame muss begreifen, dass auch die Glashalter geputzt werden müssen.

Möchten Sie diesen Brief vielleicht (zumindest gedanklich) formulieren, ehe Sie weiterlesen?

So hat es der Zahnarzt in Carnegies Beispiel formuliert:

> Meine liebe (Name),
>
> ich sehe Sie so selten, dass es wirklich einmal an der Zeit ist, Ihnen schriftlich für die sorgfältige Reinigung meiner Praxisräume zu danken. Die zweimal zwei Stunden pro Woche sind etwas knapp bemessen, und ich möchte Sie bei dieser Gelegenheit ermuntern, ruhig von Zeit zu Zeit eine halbe Stunde zuzugeben, um jene gelegentlich anfallenden Arbeiten zu erledigen, wie beispielsweise die Glashalter zu polieren. Selbstverständlich werde ich Ihnen diese zusätzliche Arbeit bezahlen.

Na, wie sieht Ihr Brief aus? Und was halten Sie von diesem? Glauben Sie, dass der Zahnarzt Erfolg hatte? Hat er die Dame motiviert? Natürlich hat er!

Der Zahnarzt erzählt: Als ich anderntags in meine Praxis kam ... glänzte mein Schreibtisch wie ein Spiegel. Desgleichen der Boden ... und im Gestell standen die saubersten und glänzendsten Glashalter, die man sich überhaupt denken kann. Ich hatte meiner Reinemachefrau gezeigt, dass ich eine gute Meinung von ihr hatte, und um mein Urteil zu rechtfertigen, übertraf sie sich selbst.

Wichtig: Auch wenn Carnegies Weltbestseller *Wie man Freunde gewinnt* 1932 zum ersten Mal erschien, so hat er doch wenig Aktualität eingebüßt. Die menschliche Natur hat sich nicht geändert, und die vielen Geschichten von Carnegie helfen uns, uns zu identifizieren.

9. „Have a nice day today!"

Minifallstudie von Murray Raphel[11)] zur Authentizität von Gefühlen:

Ein großes Geschäft im Süden der USA hatte per Werbekampagne angekündigt: *„Wenn unsere Kassiererin Ihnen keinen guten Tag wünscht, erhalten Sie einen Dollar von uns."*

Die Sache wurde richtig interessant, als der stille Teilhaber des Ladens (den die Angestellten nicht kannten) mit seiner Frau dort einkaufen ging. „Mal sehen, ob man uns einen guten Tag wünschen wird", flüsterte er, als sie in der Warteschlange an der Kasse standen. Dann war die Reihe an ihnen. Die Kassiererin bot zunächst ein mürrisches „Hi" statt des geforderten „And how are you today?" (eine in den Südstaaten besonders betonte und sehr beliebte Grußformel) an. Und am Ende der Begegnung sagte sie programmgemäß gerade nicht: „Have a nice day today!" Deshalb erklärte der stille Teilhaber der verdutzten Kassiererin, sie schulde ihm einen Dollar. „Wieso?", wollte sie wissen. Daraufhin erläuterte der Teilhaber die Kampagne.

„Ah", entgegnete sie, „da haben Sie leider Pech gehabt, Sir, die Kampagne ist am letzten Freitag zu Ende gewesen!"

Was lehrt uns dieser Fall? Die beste Kampagne, Strategie, Taktik oder Technik nützt nichts, wenn sie nicht von innen kommt.

Kundenservice muss von innen kommen

Solange der Einzelne sich stets als die wichtigste Person wahrnimmt, kann er nicht optimal auf seine Mitmenschen (Kunden, Lebenspartner, Freunde, Mitarbeiter, Nachbarn etc.) eingehen.

Jeder von uns lebt in seinem eigenen Universum.[12)] Andere Menschen sind wie kleine Satelliten, manche werden vielleicht sogar eine Sonne für uns (die uns wärmt), aber im Allgemeinen sind wir doch – jeder von uns – *im Mittelpunkt unseres eigenen Universums gefangen*. Je wichtiger der Kontakt mit anderen Menschen für Sie persönlich ist – wobei auch Telefonkontakt nur eine Form der Kommunikation darstellt –, desto wichtiger ist es, diese einfache Regel zu begreifen. Wie oft leiden wir darunter, dass andere uns nicht zuhören, nicht auf uns eingehen oder uns nicht verstehen (anerkennen, respektieren, loben, lieben). Wir leiden, weil die anderen keine „Sonnen" sind, sondern nur „kalte Satelliten" irgendwo am Rande unseres Universums. Und was sind wir für sie? Wie sehr interessieren, faszinieren und bewegen uns die Interessen, Probleme, Fragen, Gefühle und Erfolge anderer? Mal ganz ehrlich?

Glauben Sie bitte nicht, die Strategien in diesem (oder jedem anderen) „schlauen" Buch oder Seminar anwenden zu können, solange Sie isoliert und einsam im Mittelpunkt Ihres Universums leben. Das hat genauso wenig Sinn wie die Kampagne in der oben geschilderten Minifallstudie. Das führt zu einer „Dienst-nach-Vorschrift-Mentalität", und wenn die Kampagne vorbei ist, muss man Gott sei Dank den Leuten keinen „guten Tag" mehr wünschen. Wie erleichternd ist es doch, sich wieder in den Mittelpunkt des eigenen Universums zurückziehen zu können. Aber wie gesagt: Dort kann es oft sehr einsam sein.

„Halten Sie einen Augenblick inne, und vergleichen Sie das brennende Interesse an Ihren eigenen Angelegenheiten mit Ihrer lauen Anteilnahme an den Angelegenheiten der anderen, und machen sie sich dabei bewusst, dass *jeder Mensch auf dieser Welt genauso empfindet wie Sie.*

Damit schaffen Sie die einzig solide Voraussetzung für zwischenmenschliche Beziehungen. Mit anderen Worten: Erfolg im Umgang mit Menschen beruht auf dem *Verständnis für den Standpunkt des anderen Menschen.*"

(Kenneth Goode)

10. Wer sich gerne reden hört …

Noch ein einfacher, aber wirkungsvoller Tipp: Hören Sie aktiv zu. Natürlich glauben wir gerne, wir hörten in Gesprächen (fast) immer aktiv zu, aber leider stimmt dies oft nur, wenn wir uns selbst zuhören: Je lieber Sie sich selber reden hören, desto größer ist die Gefahr, dass Sie andere mit Worten überrollen oder häufig unterbrechen! Dies gilt für zirka 90 Prozent aller Menschen!

Erfolgs-Tipp:

Warten Sie mindestens drei Sekunden, nachdem der andere ausgeredet hat, ehe Sie selbst das Wort ergreifen.

Stellen Sie offene Fragen? – Sie öffnen Herz und Verstand des anderen.

Die US-Expertin Dorothy Leeds[13)] bietet in ihrer äußerst lesenswerten Hinführung zu einer effizienten Fragetechnik acht besonders kluge offene Fragen an. Mein Rat: Stellen Sie diese Fragen möglichst oft! Der Erfolg wird Sie erstaunen.

Acht kluge Fragen

- Wie kann ich Ihnen helfen?
- Was muss getan werden?
- Was für ein Gefühl haben Sie dabei?
- Können Sie mir das näher erklären?
- Welchen Standpunkt nehmen Sie ein?
- Können Sie einige Gründe nennen, warum es nicht so gut gegangen ist, wie wir hofften?
- Was können wir ändern, damit die Sache besser funktioniert?
- Welche Resultate streben wir an?

Und noch eine Anregung von Dale Carnegie zur Erfolg versprechenderen Gesprächsführung:

„Haben Sie selber nicht... mehr Vertrauen in Ihre eigenen Ideen als in solche, die man Ihnen auf einem silbernen Tablett serviert? Glauben Sie also nicht auch, dass es höchst ungeschickt ist, wenn Sie anderen Leuten Ihre Ansichten um jeden Preis aufdrängen wollen? Wäre es nicht vielleicht klüger, lediglich Vorschläge zu machen – damit der andere aus eigener Überzeugung zu dem von Ihnen gewünschten Schluss kommen kann?"

11. Wer anderen sagt, was Sache ist ...

Egal, ob Sie sich selbst oder andere motivieren wollen; negative Formulierungen schießen Eigentore! Beispiel: Denken Sie fünfzehn Sekunden lang keinesfalls an einen rosa Elefanten!

Sicher haben Sie festgestellt, dass es Ihnen auch bei dieser Formulierung *nicht* möglich ist, *nicht* an den rosa Elefanten zu denken. Denn die Negativformulierung lässt in Ihrem Geist das Bild des rosa Elefanten genauso klar entstehen wie die (positive) Aufforderung: Denken Sie an einen … Wie Vera F. Birkenbihl in ihrem Hörbuch „Management, Motivation, Menschenführung" aufzeigt, werden negative Formulierungen nur halb verstanden, denn *die Vorstellungen* sind immer positiv.[14]

Positive Formulierungen bringen den Erfolg

Nicht so:

- Mutter: „Wie oft soll ich dir noch sagen, du sollst die Tür nicht so zuknallen?!"

  Was verstärkt die Mutter? Antwort: das Bild der zugeknallten Tür.

- Schild: „Rasen nicht betreten!" Was sehen Sie vor Ihrem geistigen Auge?
- Sie nehmen sich vor: „Ich schreie meine Kinder nicht mehr an!"
- Der Chef: „Sie dürfen diesen roten Knopf nie drehen, solange der Wagen am Fotokopierer läuft!"

So machen Sie es richtig:

- „Ich flehe dich an, mach die Tür leise zu!"

- „Bitte Gehwege benützen!"
- „Ich werde ganz gelassen mit den Kindern umgehen!"
- „Sie dürfen diesen roten Knopf nur drehen, wenn der Wagen steht!"

Erfolgs-Tipp:

Stellen Sie sich vorher exakt vor, was Sie tatsächlich erreichen wollen (statt, was zu vermeiden ist), und formulieren Sie Ihre Wünsche dementsprechend.

Delegieren Sie?

Wer nach dem Motto „Wenn man nicht alles selber macht …" lebt, braucht sich (auch über Zeitnot) nicht zu wundern.

Wenn Sie den Menschen in Ihrer Umgebung nichts zutrauen, werden diese bald so unfähig, dass sie Ihrem Negativbild entsprechen. Das ist die selbsterfüllende Prophezeiung.

Chronische Selbermacher erkennt man todsicher an folgendem Verhalten:

- Sie meckern (kritisieren) viel.
- Sie vermitteln den Eindruck eigener Unfehlbarkeit.
- Sie geben oft unklare Anweisungen.
- Sie äußern viele Verbote.
- Sie machen (auch) in Abwesenheit ihrer Mitarbeiter kritische Bemerkungen über sie.

Erfolgs-Tipp:

Delegieren hat mit Vertrauen zu tun. Die Fähigkeit zu delegieren macht Sie als Führungskraft souverän. Es sind die ewig „Unentbehrlichen", die dafür sorgen, dass andere nicht an ihren Wissensstand heranreichen. Jeder Mitarbeiter freut sich, wenn ihm ein gewisses Feld eingeräumt wird, in dem er selbst Verantwortung übernehmen kann. Sie werden sehen, wie hoch motiviert Ihre Mitarbeiter an die Sache herangehen werden! Positiver Nebeneffekt für Ihre Arbeit: Sie verschaffen sich dadurch Zeit für andere Dinge.

Können Sie zuhören?

5

VOR KHLAG ZUR
VERBE SERUNG DER
MITARB ER - RECHTE

„Warum hat Brahman uns wohl zwei Ohren, aber nur einen Mund gegeben?"

Indisches Sprichwort

1. Argumentieren heißt (auch) zuhören

Die meisten Menschen sind während eines Gespräches die meiste Zeit damit beschäftigt, ihre eigenen Argumente im Geiste (vor)zuformulieren, während der andere gerade spricht. Fühlen Sie sich ertappt? Ist Ihnen auch schon aufgefallen, dass Ihnen Argumente des anderen entgehen können, die zur Klärung der Sichtweise Ihres Gesprächspartners beitragen? Uns entgeht dabei auch, dass es sich durchaus um einleuchtende Argumente handeln kann. Entweder entstehen dabei Missverständnisse, oder man redet zehn Minuten (jeder leicht gereizt über die Begriffsstutzigkeit des anderen) aneinander vorbei, bis man letztlich feststellen muss, dass eigentlich beide das Gleiche meinen.

Vielleicht ergibt sich auch jener typische Gesprächsverlauf: Aufgrund eigener festgefahrener Vorstellungen entsteht eine Art Streitgespräch – jeder beharrt, immer ungeduldiger werdend, auf „seinem" Standpunkt, bis man sich ohne Einigung, ohne die Argumente des anderen auch nur im Ansatz durchdacht zu haben, vom Tatort entfernt.

Wichtig: Sich von seinem Standpunkt lösen zu können (Blickwinkel), bedeutet nicht, seine Persönlichkeit aufzugeben. Sie nähern sich dem anderen, indem Sie einen anderen Blickwinkel riskieren.

Oder haben Sie Angst, dass der von Ihnen so hartnäckig vertretene Standpunkt dem kritischen Blick „von außen" nicht standhält? (War es die hartnäckige Verteidigung dann wert?)

> „Um klar zu sehen, genügt oft ein Wechsel der Blickrichtung."
>
> (Antoine de Saint-Exupéry)

Zwei Übungen, mit denen Sie sich und Ihre Mitarbeiter („Kunden") gezielt schulen können:[15]

Übung: Argumentation mit Schiedsrichter

Drei Personen (A, B und C) können diese Übung durchführen. A und B diskutieren ein beliebiges Thema Pro/Kontra, C spielt Schiedsrichter.

Verlauf: A macht eine Aussage (Stellungnahme) zum vorher vereinbarten Diskussionsthema. B wiederholt daraufhin wörtlich (nicht nur sinngemäß) die Aussage von A und bringt anschließend sein Gegenargument, das vor einer erneuten Entgegnung wiederum zuerst von A wiederholt wird usw.

C wird im ganzen Gesprächsverlauf die Aussagen von A und B genauestens prüfen und sofort eingreifen, sobald ein Argument nicht richtig wiederholt wurde.

Beispiel: B wiederholt das Argument von A nicht korrekt und kann sich auch nicht verbessern: A muss das eigene Argument wiederholen.

Es wird Sie erstaunen, wie schwierig es ist, die Aussagen Ihres Kommunikationspartners korrekt wiederzugeben oder die eigenen zu behalten, falls sie wiederholt werden müssen.

Übung: „Stille" Post ganz öffentlich

Übung: Eine Nachricht weitergeben:[16)]

Sechs Freiwillige gehen hinaus. Dann wählt die Gruppe ein einfaches Bild aus der Zeitung, oder aber man zeichnet eins auf ein Blatt Papier.

Zum Beispiel: Ein Kopf, zwei Blumen und irgendwo die Worte: *Der Hahn ist nicht tot.*

Die Spieler werden der Reihe nach einzeln in den Raum geholt.

Spieler 1 bekommt 30 Sekunden, um sich das Bild einzuprägen. – Dann wird *Spieler 2* geholt. Eins erklärt Zwei, was er gesehen hat. Eins setzt sich, Drei kommt. *Spieler 2* erklärt Drei, was er gehört hat usf.

Beobachtung: Obwohl man die Übung zunächst für einfach hält, sieht die Praxis doch so aus, dass 80 Prozent der Spieler keine *Rückkoppelung* vornehmen! Die Verirrungen sind zum Teil sehr lustig, aber lehrreich!

2. Sie sehen das falsch!

Jemand vertritt eine (aus Ihrer subjektiven Sicht!) „falsche" (törichte, irrige) Meinung. Ihr erster Impuls ist daher zu widersprechen.

Tun Sie's nicht! Sonst gibt ein Wort das andere (Druck erzeugt Gegendruck). Normalerweise reagieren wir nämlich sofort (Durchschnittsreaktionszeit: sechzehn Sekunden) mit Abwehr, wenn wir merken, dass wir nicht zustimmen. Hier ist Vorsicht geboten: Denn wir wissen in der Regel noch viel zu wenig, wenn wir beginnen, unsere Argumente zu präsentieren.

Wagen Sie es lieber einmal, Ihren eigenen Standpunkt zu hinterfragen, ehe Sie den des Partners angreifen. Leider geht es uns allzu oft mehr darum, Recht zu bekommen, als gut zu kommunizieren. Dem anderen geht es aber ähnlich. Wenn Sie beide „auf stur stellen", leidet sowohl die Sache als auch die Beziehung darunter.

Erst Meinungen anhören, dann selber argumentieren

Versuchen Sie es doch einmal so: Sie stellen dem anderen ein(ig)e offene Frage(n) und bitten ihn, seine Position genauer zu erläutern.

Fragen Sie bei Ablehnung eines Ihrer Vorschläge immer: „Warum (nicht)?", statt vorschnell zu argumentieren. Die meisten Leute mögen es, wenn wir ihre Beweggründe kennen lernen wollen. Falls Sie das Wort „warum" scheuen, können Sie es auch vermeiden, zum Beispiel: „Darf ich nach dem Grund fragen?" „Wie sind Sie zu diesem Entschluss gekommen?" „Was spricht Ihrer Meinung nach dagegen?"

Diese Taktik bringt Ihnen drei Vorteile:

- Sie hören Ihrem Gesprächspartner zu und zeigen Interesse für seine Position. Dadurch wird auch er später bereit sein, Ihnen zuzuhören.
- Sie erhalten weit mehr Informationen, die Sie später geschickt für Ihre eigene Argumentation verwenden können.
- Sie merken rechtzeitig (noch vor einer vorschnellen Entgegnung), ob Sie vielleicht im Unrecht waren und Ihnen die Gedanken des anderen doch einleuchten.

Wenn Sie danach immer noch auf Ihrem Standpunkt beharren wollen, dann sagen Sie jetzt in etwa: „O.k., ich habe Ihre Argumente aufmerksam zur Kenntnis genommen. Darf ich Ihnen nun meine Position erläutern?" Jetzt wird Ihnen der andere ebenfalls gerne zuhören.

3. Klageweiber – Strategie gegen Nörgler

Sie kennen Leute, die gerne klagen, lamentieren, herummeckern oder von ihren Sorgen reden wollen. Da geht es ums Wetter, die politische Lage bis hin zu den Staus auf der Autobahn und alles Mögliche. Es hat keinen Sinn, wenn Sie ebenfalls bekümmert mit dem Kopf wackeln, denn das spornt den anderen ja nur an, weiterzureden.

Möchten Sie wissen, wie Sie diese Leute höflich, aber bestimmt sofort zum Verstummen bringen können?

Die Jokerfrage

Blicken Sie diesem Menschen fest ins Auge und fragen Sie ihn: „Was wollen Sie, dass ich in der Angelegenheit konkret für Sie unternehme?"

Sie werden sehen: Ihr Gegenüber wird hier in den seltensten Fällen eine konkrete Bitte äußern (die Sie ernsthaft in Erwägung ziehen können). In der Regel wird er stocken (weil die Sache Sie ja genau genommen nicht betrifft).

Die Nörglerbremse

Nun gibt es zwei Möglichkeiten, wie sich die Situation fortentwickelt: Entweder er hört jetzt auf zu jammern, oder er ist hartnäckig und setzt von vorne an. Dann warten Sie, bis er Luft holen muss, und erklären: „Liebe/r Herr/Frau Sowieso. Es gibt, wie oft im Leben, zwei Möglichkeiten: Entweder ich kann konkret etwas für Sie tun oder nicht. Wenn nein, dann bitte ich Sie, das Thema zu wechseln. Wenn ja, dann sagen Sie es mir: Was soll ich für Sie tun?"

Erfolgs-Tipp:

Angenommen, Sie selbst hören sich selbst auch manchmal lamentieren und Sie möchten davon loskommen, dann könnten Sie den beschriebenen Tipp allen Menschen in Ihrem „Dunstkreis" verraten (Kollegen, Freunden, Familienmitgliedern), die dann so in der Lage sind, Sie bereits im Ansatz zu stoppen.

Die Strategie funktioniert so zuverlässig, dass sie gegen jeden einsetzbar ist; also auch gegen Leute, die ihr eigenes Jammern unter Kontrolle bringen möchten.

Rhetorik

6

„Achte auf das, was du sagst,
damit du dir nicht dein Glück zerstörst."

William Shakespeare

1. Wer braucht Rhetorik?

Jeder Mensch braucht rhetorische Fähigkeiten, wenn er regelmäßig mit Mitarbeitern, Kollegen oder Kunden kommunizieren muss.

Jede Aussage, die Ihnen am Herzen liegt, kann wie eine Mini-Rede vorbereitet werden. Jede Aussage, die Sie regelmäßig machen, ist im wahrsten Wortsinn „Ihre Rede".

Wichtig: Jede Verbesserung, die Sie im Bereich Rhetorik erreichen können, ist immer auch eine Verbesserung der inneren Sicherheit in Situationen mit anderen.

Rhetorik (griech. = Rede-Kunst) ist eine Kunst, die nur wenige Zeitgenossen beherrschen. Die rhetorischen Schwächen anderer (auch professioneller Redner, Politiker, Kundenberater, Chefs) sind in der Regel mindestens ebenso gravierend wie Ihre. Also bitte keine unnötigen Hemmungen. Jede Verbesserung wird Sie wohltuend von der Norm abheben.

Es ist weit leichter, als Sie bisher vielleicht dachten, wenn Sie einige Spielregeln der Redekunst beachten. Die folgenden Seiten bieten Ihnen einige Gedanken zur Rhetorik im Alltag – vom kurzen Statement (Mini-Rede) bis zum Vortrag – an.

2. Rhetorik heißt: Ein Anliegen haben

Unabhängig davon, ob Sie eine große Rede halten wollen oder einen wichtigen Beitrag zu einem Gespräch planen, immer gilt die Grundregel: Sie müssen ein Anliegen haben! Testen Sie dies, indem Sie sich zuvor folgende Fragen stellen:

- Glauben Sie wirklich an Ihr Anliegen?
- Brennen Sie förmlich darauf, es mitzuteilen?
- Welchen Vorteil hat Ihr Zuhörer (Kunde) davon?
- Wie werden Sie ihm zeigen, wo sein Vorteil liegt?

Halten Sie sich an die Regel von Calvin Coolidge, dem 30. Präsidenten der Vereinigten Staaten: „Ergreifen Sie erst dann das Wort, wenn Sie etwas zu sagen haben; und wenn Sie damit fertig sind, dann schweigen Sie."

3. Kleine Rhetorik-Tipps

Kontakt zum Publikum

Das Geheimnis großer Redner/-innen: Blicken Sie Ihr Publikum an!

Wer in einer Menge sitzt, fühlt sich „angesprochen" (das heißt, angeblickt), wenn Ihr Blick in seine Richtung „zielt". Wenn Sie also mit Ihrem Blick „schweifen" und regelmäßig kurze Zeiten verweilen, fühlen sich jeweils dreißig bis fünfzig Leute direkt angesprochen (bei großen Tagungen mit Kongressbestuhlung jeweils sieben bis acht Personen neben der Person, die Sie tatsächlich anblicken). Es ist nicht wichtig, ob Sie in die Augen Ihrer Zuhörer sehen; wichtig ist, ob Ihre Zuhörer das glauben.

Wie strahlt man Sicherheit aus?

Prüfen Sie vor Ihrer Rede auf „Herz und Nieren", ob Sie auch voll hinter dem stehen, was Sie Ihren Zuhörern vermitteln wollen. Folgende Frage müssen Sie mit Ja beantworten können: Habe ich mir für mein Publikum genügend Zeit genommen, mich sorgfältig vorzubereiten?

Nur so kann man dynamisch-ruhig sein. Und wenn Sie fest glauben, dass es für Ihre Hörer von Vorteil (Nutzen) sein wird, Ihnen zuzuhören – dann werden Sie dynamisch. Wenn Sie allerdings annehmen müssen, dass Ihre Botschaft nicht von Vorteil für Ihr Publikum wäre, dann wirken Sie weit souveräner, wenn Sie schweigen.

Ihr einnehmendes Wesen führt zum Erfolg

So nehmen Sie Ihr Publikum für sich ein:

- Stellen Sie rhetorische Fragen (beispielsweise: „Haben Sie heute schon gelächelt?"), um zum nächsten Punkt zu führen.
- Erzählen Sie ein persönliches Beispiel, so dass man sich mit Ihnen identifizieren kann.
- Kleiden Sie Forderungen in Fragen, wenn Sie motivieren wollen. Statt: „Sie müssen Strom sparen!" fragen Sie: „Wären Sie bereit, Strom zu sparen, wenn meine Argumente Sie überzeugen?"

Sprich, damit ich sehen kann

Wenn wir Informationen hören, dann machen wir uns „ein Bild", bzw. wir können uns kein Bild machen, wenn wir nicht begreifen, was gemeint ist. Hierzu präsentieren Sie zum besseren Verständnis

- ein Bild (Folie auf Overhead, Dias, Chart, Skizze);
- ein Denkbild, das Unvorstellbares greifbarer, ausbaufähiger macht; statt zu sagen „35 Dezibel", sagen Sie „so leise wie eine fallende Feder";
- ein Gleichnis (Analogie, Fallbeispiel); statt von Milliarden Nervenzellen im Gehirn zu sprechen, erklären Sie, dass alle Neuronen aneinandergereiht von der Erde bis zum Mond reichen und noch zweimal um den Mond herumgewickelt werden können.

Aufgabe: So trainieren Sie Schlagfertigkeit

Eine der wichtigsten rhetorischen Fertigkeiten ist das so genannte Sprechdenken, das ist das „laute Denken" oder (Noch-)Nachdenken, während man bereits spricht (um beispielsweise auf eine Zwischenfrage zu reagieren).

Diese Fähigkeit kann man systematisch trainieren, wenn man zwischendurch eine Minute erübrigen kann (etwa auch auf langen Reisen, gedanklich). Man wählt für sich spontan einen Begriff aus oder lässt sich einen zurufen, und muss nun nonstop eine Minute lang dazu etwas sagen. Wichtigste Regel: Bei dieser Übung darf man nicht schweigen. Wenn einem nichts einfällt, dann wiederholt man die letzte Aussage so lange, bis die Gedanken wieder fließen (oder man sagt einfach: „Mir fällt jetzt nichts ein.").

Die Erfahrungen aus der praktischen Seminartätigkeit zeigen eindeutig, dass jeder, der die Übung regelmäßig durchführt, seine Fähigkeit zum „Sprechdenken" stark verbessert. Allein: Man muss es nur tun.[17)]

4. Schlagzeilentechnik verschafft Gehör

Sie wollen etwas in Worte fassen. Sie wollen ein Problem allein durchdenken oder mit jemandem besprechen. Hier ist eine Methode, wie Sie Ihre Gedanken gewinnbringend strukturieren können:[18)]

- Entwerfen Sie eine „Schlagzeile" für Ihr Anliegen.
- Lernen Sie, diese Schlagzeile kurz zu erläutern. Sie werden überrascht sein, wie viel man in dreißig Sekunden sagen kann. Zur Verdeutlichung: Wenn Sie diesen Absatz (in normalem, ruhigem Sprechtempo) laut vorlesen, benötigen Sie zirka dreißig Sekunden.

Nachdem Sie das Interesse Ihres Publikums geweckt haben, können Sie ihm mehr Details anbieten. Die Vorteile dieser Technik sind:

- **Selbstdisziplin:** Oft wird man feststellen, dass man unfähig ist, eine Schlagzeile zu erfinden. Der Grund: Das Problem ist noch nicht weit genug durchdacht, das Kernproblem noch nicht exakt formuliert. Es wäre doch schade, wenn Sie dies erst in Gesprächen mit anderen bemerken würden.
- **Kreativität:** Durch das Erfinden einer guten Schlagzeile werden Sie im gleichen Zug mehrere alternative Schlagzeilen bedenken und verwerfen. Dieser Prozess provoziert eine andere „Denke" als das normale (analytische) Denken.
- **Überzeugungskraft:** Man kann umso besser überzeugen, je genauer man weiß, worauf man hinauswill. Denn dadurch formen sich glasklare Vorstellungen in Ihrem Kopf (vergleiche auch Kapitel 1). Wer aber klare Vorstellungen (eine Vision) hat, wird diese ganz anders „rüberbringen" können. Deshalb ist diese Technik auch geeignet, wichtige Verkaufsargumente vorzubereiten (vergleichen Sie hierzu auch den folgenden Abschnitt „Steine im Fluss").

Konferenzvariante

Wenn Sie eine Konferenz planen, bei der verschiedene Menschen ihre Probleme vortragen werden, fordern Sie die Teilnehmer auf, ihre Präsentation jeweils im Stil der „Schlagzeilen plus dreißig Sekunden" zu beginnen.

Wenn Sie den Mut dazu aufbringen und die Teilnehmer tatsächlich die Vorteile der Technik nutzen wollen, dann können Sie bei dieser Art von Konferenz in Zukunft bis zu 70 Prozent Zeit einsparen.

5. Rhetorik: Steine im Fluss

Es ist schon ein paar Jährchen her: Einige wichtige Politiker befanden sich an Bord eines Rheinschiffes, natürlich von Presseleuten umlagert. Als dem Exbundeskanzler Helmut Schmidt die Reportermeute zu sehr auf die Nerven ging, soll er über die Reling gestiegen und zu Fuß über den Rhein ans andere Ufer gelaufen sein. Wie er das geschafft hat? Er wusste, wo die Steine im Fluss lagen.

Vera F. Birkenbihl meint hierzu:[19] „Man muss ‚Steine' im (Rede-) ‚Fluss' haben, um die Botschaft sicher rüberzubringen! Wer sich von ‚Stein' zu ‚Stein' bewegt, kann auch einige unsichere Schritte dazwischen wagen."

Steine im Fluss sind Aussagen, die wir gut vorbereitet haben und bei Bedarf sicher vortragen können. Das können natürlich Elemente eines Referates sein, aber auch im Alltag sollte man stets wissen, wo die Steine im Fluss liegen. Für die Praxis bedeutet das:

- **Sind Sie Berater/-in?**
  Welche Fragen werden Ihnen am häufigsten gestellt? Wenn Sie die Antworten in der unten aufgezeigten Form vorbereiten, dann haben Sie immer einige „Steine" im Fluss.
- **Sind Sie Führungskraft?**
  Welche Informationen planen Sie auf dem nächsten Meeting „sauber rüberzubringen"? Welche Aussagen (zum Beispiel Kritik) richten Sie regelmäßig an Ihre Mitarbeiter/-innen? Gäbe es vielleicht eine Möglichkeit, diese Aussagen rhetorisch geschickter aufzubauen? Nach dem Motto, dass der Redner das Wohlwollen des Publikums – und seien es die eigenen Mitarbeiter – erst gewinnen muss, ehe er zu „seinen Kernaussagen" kommen kann.
- **Sind Sie Elternteil?**
  Wann haben Sie das letzte Mal einfach drauflos geredet, als Sie Ihr Kind motivieren wollten, sein Verhalten zu ändern?

Wie wäre es, wenn Sie Ihre Botschaft beim nächsten Mal als Mini-Rede mit Appellcharakter auffassen und sie rhetorisch geschickt aufbauen würden?

- **Sind Sie Handwerker?**
  Wahrscheinlich dachten Sie immer, Rhetorik sei nur etwas für Redner. Aber ist nicht jeder, der mit seinen Kunden „redet", ein Redner? Sollte man daher nicht ein paar „Steine im Fluss" haben, wenn es darum geht, häufig gemachte Aussagen besser zu „verkaufen"?

Denkpause – kein Problem!

Stehen Sie dazu, wenn Sie kurz nachdenken wollen, ehe Sie weitersprechen oder eine Frage beantworten. Erstens sprechen die meisten Redner zu schnell, denn sie reden über Vertrautes, was hingegen Ihren Zuhörern relativ neu sein kann.

Und zweitens: Auch der beste Redner wird reflektieren, wenn eine Frage zum ersten Mal auftaucht. Man akzeptiert kleine Unsicherheiten zwischen den „Steinen im Fluss"!

Das unterscheidet Sie von den Kollegen, die erst wissen, was sie gedacht haben, *nachdem* sie sich reden gehört haben …

6. Professionelle Vorbereitung Ihrer Steine im Fluss

Eine amerikanische Umfrage untersuchte, wovor sich die US-Bürger am meisten fürchteten. Interessanterweise lag die „Angst, eine Rede halten zu müssen" an erster Stelle, also noch vor der Angst vor dem Tod (Rang zwei).

Wenn Sie über Nacht ein hervorragender, brillanter und faszinierender Redner sein könnten – worüber würden Sie dann phänomenale Reden halten wollen?

Anders ausgedrückt: Wenn Sie ein Anliegen haben, das Ihnen wirklich „auf den Nägeln brennt", werden Sie wenige rhetorische Probleme haben.

Was den meisten „Schwaflern" abgeht, ist das *brennende Verlangen*, ihre Botschaft zu „senden". Der Rest ist Technik.

Es ist sinnvoll, festzulegen, zu welchen Themen Sie sich in Zukunft voraussichtlich äußern wollen, und sich daraufhin einige „Steine" in den Fluss zu legen.

Rhetorischer Erfolg kann nur durch intelligente Planung erlangt werden.

Die seit vielen Jahren erfolgreiche Trainerin Vera F. Birkenbihl verrät Ihnen, wie sie auch heute noch jedes Referat vorbereitet. Dabei geht sie von einer Rede aus, mit deren Vorbereitung Sie zirka zwei Wochen vorher beginnen sollten.

Fragen zur Redevorbereitung

Bevor Sie an die inhaltliche Planung Ihrer Rede gehen, sollten Sie folgende Fragen überdenken:

- **Wer?** Stellen Sie sich vor, jeder Hörer trüge auf der Stirn ein Schild mit der Aufschrift: „Was habe ich davon?" Wenn Sie sich auf seinen Vorteil konzentrieren, werden Sie automatisch die richtigen Worte finden; so gewinnen Sie sein Ohr (und auch sein Herz).
- **Was?** Präsentieren Sie Ihren Vortrag so anschaulich wie möglich – Fallbeispiele, Vergleiche, bildhafte Sprache (zum Beispiel: leicht wie eine Feder). So kann sich Ihr Hörer ein „Bild machen".
- **Was tun?** Wenn Sie appellieren (zu konkreten Handlungen aufrufen), dann sagen Sie klar, was man tun soll; „verkaufen" Sie „Rezepte". (Man nehme …)

- **Warum?** Begründen Sie Ihre Aufforderung. Einer der häufigsten Fehler im Alltag ist, dass man nicht genau mitteilt, warum die Leute etwas tun und warum man es gerade so (und nicht anders) tun sollte. Ob Sie einen Mitarbeiter oder tausend Zuhörer zu bestimmten Aktionen animieren wollen, ist dabei gleichgültig.

„Es zählt nicht so sehr, was man sagt, sondern *wie es ankommt*!"

(Bob Boylan)

7. Die Kassettentechnik zum professionellen Vorbereiten einer (Mini-)Rede

- **Schritt 1:** Aus Ihrem Wissen (oder Ihren Recherchen) ergeben sich Stichpunkte. Keinesfalls als Aufsatz formulieren, nur Stichpunkte notieren.
- **Schritt 2:** Sprechen Sie Ihre Rede auf Band.
- **Schritt 3:** Hören Sie dieses Band mehrmals ab (zum Beispiel im Auto auf Reisen oder bei Spaziergängen mit dem Hund; Sie brauchen also keine Extra-Zeit dafür). Dabei stellen Sie fest, welche Textstellen Ihnen auf Anhieb gelungen sind und welche Sie noch schwach finden.
- **Schritt 4:** Sprechen Sie die Rede erneut auf Band. Dabei werden die „guten" Formulierungen automatisch wieder auftauchen, während Sie die Stellen, die ursprünglich noch schwach waren, jetzt bewusst verbessern.

- **Schritt 5:** Hören Sie auch dieses Band mehrmals ab. Wenn Sie jetzt zufrieden sind, dann sind Sie gut vorbereitet. Enthält jedoch auch diese Rede noch zu viele Schwachstellen, dann wiederholen Sie Schritt 4 und 5, bis Sie mit dem Endergebnis zufrieden sind. Bei schwierigen Reden können es durchaus fünf oder sechs „Rohversionen" werden. Aber: Lieber jetzt im Vorfeld aus Ihren Fehlern lernen, als später, wenn Sie auf der Bühne stehen, oder?[20]

8. Motivation von Kunden und Mitarbeitern

Wir sind daran gewöhnt, nur Menschen, die bei uns kaufen (sollen), als Kunden zu sehen. Aber genau genommen bedeutet doch jeder Versuch, jemanden zu beeindrucken, zu überzeugen oder zu einer bestimmten Handlung zu animieren, dass wir diesem Menschen zweierlei „verkaufen" müssen:

- Uns selbst: Der Partner muss uns akzeptieren.
- Unsere Idee: Hierbei ist es völlig egal, ob diese Idee ein zu verkaufendes Produkt (oder eine Dienstleistung) darstellt oder unsere Meinung, ob wir jemanden um einen Gefallen bitten wollen oder ob unser Gegenüber ein/e Mitarbeiter/-in ist, die wir „motivieren" wollen.

Rhetorik bedeutet immer auch Motivation

Man soll

- uns aufmerksam zuhören,
- sich von unseren Gedanken motivieren (wörtlich „bewegen") lassen und/oder

- gemäß unserem Appell handeln, etwa:

  als Kunde: kaufen,

  als Mitarbeiter: gut arbeiten,

  als Sohn: den Mülleimer hinausbringen,

  als Bürger: den Müll ökologisch sauber trennen ...

Deshalb rät die Managementtrainerin Vera F. Birkenbihl ihren Kunden (Führungskräften): Wer seine *Mitarbeiter* wie seine *besten Kunden* behandelt, der erzeugt ein Klima, in welchen Kompetenz und Professionalität erblühen. Das erstaunt (oder erschreckt) nur Chefs, die noch „hierarchisch von oben nach unten" denken, die also keine Mit-Arbeiter/-innen sehen, sondern nur Unter-Geordnete oder Befehls-Empfänger. Aber diese Zeiten sind vorbei. Allen, die mit diesem Gedanken noch Schwierigkeiten haben, sei der Bestseller von Tom Peters *Jenseits der Hierarchien* wärmstens ans Herz gelegt. Das Buch hilft denen, die sich bereits vom klassischen Hierarchiedenken verabschiedet haben, und wird jene, die noch zögern, ermutigen![21)]

So gesehen kann fast jeder sich als „Dienstleister" sehen:

- Die Führungskraft hilft den Mitarbeitern, optimal zu arbeiten.
- Der Verkäufer hilft dem Kunden, die richtige Problemlösung zu finden.
- Der Trainer hilft seinen Seminarteilnehmern, ihren Erfolg zu vergrößern.
- Der Redner bietet seinen Hörern Denk- und/oder Handlungsimpulse an.

Wenn wir also in der Lage sind, all jene, die wir motivieren wollen, als Kunden zu sehen, dann wird so mancher Tipp im Kapitel 7 „Verkaufen: Kommunikation mit Kunden und mit Mitarbeitern" auf unsere *Kunden* anwendbar sein. Deshalb seien diese Seiten auch denjenigen Führungskräften empfohlen, die normalerweise mit Verkauf „nichts am Hut haben". Vielleicht finden Sie ja doch einige Anregungen für den Umgang mit Ihren *Kunden* (Mitarbeitern)?

9. Ein wenig Dialektik

Wir neigen oft dazu, „mit der Tür ins Haus" zu fallen. Wie reagieren Sie, wenn Sie sich überrumpelt fühlen? Doch meist mit Abwehr, oder?

Um überzeugend reden oder argumentieren zu können, bedarf es sprachlicher *Technik*, auch Dialektik genannt. Ursprünglich bedeutete das Wort *diálektos* (griechisch) die „Unterredung"; heute denken wir dabei eher an „Tricks", andere zu überzeugen. Wir setzen dabei stets stillschweigend die Ablehnung unseres Standpunktes voraus.

Fragen Sie sich: Muss ich immer sofort Kontra geben?

Wenn jemand eine Meinung äußert, die uns nicht gefällt, ist unsere erste spontane Reaktion leider allzu oft Ablehnung. („Das sehen Sie zu eng!") Dabei handelt es sich häufig um Aspekte, zu denen jeder ruhig eine andere Meinung haben kann. Wenn Sie öfter mal nachgeben, haben Sie, wenn es Ihnen wirklich wichtig ist, eine weit bessere Chance zu überzeugen als jemand, der seinen Kopf immer durchsetzen will.

Unterscheiden Sie zwischen Fakten und Personen

Drücken Sie, noch ehe Sie die Meinung des anderen anzweifeln, Respekt für ihn als Person aus. Sagen Sie beispielsweise: „Sie wissen, dass ich Sie persönlich sehr schätze, aber in dieser Sache kann ich Ihnen leider nicht zustimmen, weil ..."

Präsentieren Sie Beispiele

Beispiele regen die Vorstellung an; nun „sieht" der andere im wahrsten Sinne, was Sie meinen. Das ist an-schau-lich und überzeugt. Warnung: Ihr Beispiel soll Ihre Aussage ver-deut-lichen (das ist, wie wenn Sie mit dem Finger auf etwas Vorhandenes deuten würden); aber denken Sie auch daran: Ein isoliertes Beispiel ist kein Beweis. (Es kann sogar die berühmte Ausnahme sein.)

Fragen statt Sagen

Wenn uns jemand eine stimulierende Frage stellt, die unser Denken in neue Bahnen führt, sind wir selbst die Entdecker und für diese Gedanken daher weit aufgeschlossener als bei apodyktischen Aussagen. Wer fragt, führt. Somit haben Sie die Situation im Griff – zum einen inhaltlich, zum anderen strategisch.

Betonen Sie Gemeinsamkeiten

Gerade im Moment einer Meinungsverschiedenheit besteht die große Gefahr, dass jeder sich auf seinen Standpunkt versteift. Fragen Sie sich, ob es Gemeinsamkeiten gibt, wenn ja, bringen Sie diese bewusst ins Gespräch! Beispiele:

- „Sind wir uns einig, dass ...?" Oder:
- „Da wir beide den neuen Partner noch nicht persönlich kennen, könnten wir vielleicht in Erwägung ziehen ...?"
- „Wir wollen doch beide, dass ... und ebendeshalb schlage ich vor ..."

Solche Signale helfen dem anderen, Gesicht zu wahren, weil er nun wegen des höheren Ziels der Gemeinsamkeit leichter nachgeben kann.

Klären Sie die Begriffe

Man kann bildsauber aneinander vorbeireden, wenn jeder unter demselben Wort etwas anderes versteht.

Beispiel:

In seinem faszinierenden Buch *Wie wirklich ist die Wirklichkeit* beschreibt Paul Watzlawick ein amerikanisches Ehepaar, das jahrelang wüste Auseinandersetzungen über einen Vorfall in den Flitterwochen hatte, weil die beiden den Begriff nie geklärt hatten. Für ihn bedeutete „Flitterwochen“: Nur wir zwei unter völligem Ausschluss der Welt. Für sie hingegen waren „Flitterwochen“ die erste Zeit als verheiratete Frau, in der sie die Gelegenheit hatte, ihre neue soziale Rolle zu lernen (beispielsweise, indem sie in der Hotelbar mit einer anderen Ehefrau am Nachbartisch sprach, woraufhin er total sauer wurde).

Eben weil man sich so schön „mist“-verstehen kann, meinte Voltaire ja auch: „Wenn du mit mir reden willst, definiere deine Termini.“

Zitieren Sie Fachleute

Wenn Sie fundierte Fachkenntnisse haben: Behaupten Sie nicht einfach, was Sie wissen, sondern zitieren Sie Autoritäten, und zwar solche, die Ihr Gegner anerkennt. Damit er Ihre Information nicht als Belehrung empfindet, erwähnen Sie „mildernde Umstände“ wie etwa: „Die Studie ist gerade erst erschienen.“ Oder: „Ich weiß, bis vor kurzem entsprach die offizielle Schulmeinung Ihrem Standpunkt.“, u. Ä.

10. Achtung: Attacke!

Man kritisiert Sie

Normalerweise wehren wir sofort ab. Tun Sie's nicht. Wenn Sie die folgende Strategie einsetzen, gewinnen Sie doppelt: Wenn die Ihnen entgegengebrachte Kritik fair, intelligent und konstruktiv ist, können Sie viel lernen. Sollte der andere nur herummeckern, wird diese Strategie ihn schnell verstummen lassen.

- **Schritt 1:** Fragen Sie zurück, haken Sie nach, bitten Sie Ihren Gesprächspartner, seine Aussage näher zu erläutern.
- **Schritt 2:** Danken Sie Ihrem Gesprächspartner. War seine Kritik wirklich hilfreich, dann haben Sie etwas gelernt, können ihm also ehrlich danken. Andernfalls könnte Ihr Dank durchaus eine ironische Note bekommen.

Aber denken Sie immer daran: Wer kritisiert, will Ihnen entweder wirklich helfen (auch wenn seine Vorschläge aus Ihrer Sicht nicht so berauschend sein mögen), so dass wir diesen ehrlichen Willen zu helfen würdigen sollten. Oder aber die Person will sich wichtig machen. Das lässt auf mangelndes Selbstwertgefühl schließen. Also auch hier lohnt es sich, freundlich zu sein, damit wir den Menschen nicht (noch mehr) verletzen.

Man greift Sie an

Sie werden massiv angegriffen, man wirft Ihnen etwas vor: „Wie konnten Sie dem Sowieso diese Aufgabe überlassen, er hat doch schon die X-Sache letztes Jahr total vermasselt ...!" Was sagen Sie jetzt? Zunächst gar nichts. Gehen Sie vielmehr wie folgt vor:

- **Schritt 1:** Schweigen Sie mindestens dreißig Sekunden lang. Meist redet der andere weiter, woraufhin Sie wieder schweigen, wenn er aufhört. Irgendwann hat er sich „totgelaufen". Nun folgt Schritt 2:

- **Schritt 2:** Stellen Sie einige geschlossene Fragen, in welche Sie Ihre Gegenargumente „verpacken", beispielsweise:

  „Könnten Sie sich vorstellen, dass ich Gründe habe, von denen Sie möglicherweise nichts wissen?"

  „Halten Sie den Mann für so total unfähig, dass wir ihm überhaupt keine Aufgaben mehr zuteilen sollten?"

  „Glauben Sie nicht, dass ich als Vorgesetzter ein Recht auf eigene Entscheidungen habe?", u. Ä.

Wichtig: Mit dieser Taktik graben Sie dem „Angreifer" elegant das Wasser ab, ohne dass Sie ihn in eine Position des Verlierers manövrieren, die er Ihnen später übel nehmen wird. So kann er heute ohne Gesichtsverlust einlenken und wird sich in Zukunft überlegen, ob er Sie noch einmal so frontal angehen will.

11. Was geben Sie Ihren Mitmenschen?

Zum Abschluss dieses Kapitels möchte ich Ihnen noch einen wertvollen Rat des Freiherrn von Knigge mitgeben.

> „Gehe von niemand und lass niemand von dir, ohne ihm etwas Lehrreiches oder etwas Verbindliches gesagt und mit auf den Weg gegeben zu haben.
>
> Aber beides auf eine Art, die ihm wohltue, seine Bescheidenheit nicht empöre und nicht studiert scheine, auf dass er die Stunde nicht verloren zu haben glaube, die er bei dir zugebracht hat, und dass er fühle, du nehmest Interesse an seiner Person …"
>
> (Freiherr von Knigge)

Verkaufen: Kommunikation mit Kunden und mit Mitarbeitern

7

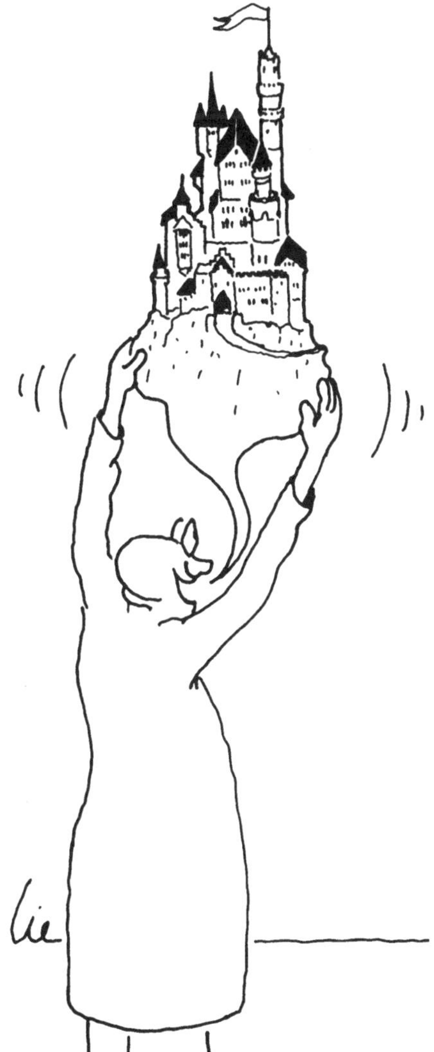

*„Don't sell the steak, sell the sizzle!**

Elmar Wheeler

1. Kundenschwund – warum?

Eine Reihe von Untersuchungen kommt immer wieder zu ähnlichen Ergebnissen, warum wir Kunden verlieren:

- Einige wenige Prozent sind gestorben.
- Einige Prozent sind umgezogen (in Amerika pro Jahr bis zu 10 Prozent, bei uns in Deutschland weniger).

Aber jetzt wird es interessant:

- Zirka 7 bis 10 Prozent wurden vom Wettbewerber abgeworben.
- Zirka 10 bis 15 Prozent waren akut unzufrieden und suchten von sich aus nach einer Alternative.

Bitte beachten Sie, dass diese Daten durch gezielte Befragungen zustande kamen. Also könnte die Anzahl der Unzufriedenen, die sich erst gar nicht äußern, weit größer sein. Mit dieser Annahme im Hinterkopf verwundert uns die nächste Zahl nicht mehr:

Die gesamte Restmenge (also rund 70 Prozent plus/minus 7) gab an, sie hätten ohne besonderen Grund die Marke oder das Geschäft gewechselt.

Wenn man dann genauer „nachbohrte", kamen langsam doch Gründe für den Wechsel zum Vorschein, Gründe, die bei den meis-

*) Wörtlich: „Verkaufe nicht das Steak, verkaufe das ‚Sizzle'" (= das zischende Geräusch, wenn Sie ein Steak in die Pfanne hauen). Dieser Schlüsselsatz eines der größten Verkäufer der USA drückt aus, dass niemand nur ein Stück „rohes Fleisch" (Steak) verkauft. Auch unser Kunde kauft nur das „Sizzle"; er kauft den Genuss beim Essen und die Sättigung danach!

ten Kunden eher unbewusst bleiben dürften (die daher aber nicht weniger gefährlich waren). Zum Beispiel:

- Sie fühlten sich als Kunde nicht besonders beachtet.
- Sie hatten das Gefühl, man höre ihnen nicht zu.
- Sie hatten das Gefühl, es sei den jeweiligen Firmen (Geschäften) egal, ob sie dort kauften oder nicht.

Und wie, glauben Sie, denken Ihre Kunden?

Clevere Kundenbetreuung

In einem Vortrag auf einem Kongress in Irland schilderte einer der größten Motivationsexperten, Murray Raphel, folgende Begebenheit: In seinen Laden kam ein Junge aus der Nachbarschaft und bat, das Telefon benutzen zu dürfen. Zufällig konnte Raphel mithören; das Gespräch verlief in etwa wie folgt:

„Guten Tag, Ma'm; ich sah beim Vorbeigehen Ihren großen Garten und wollte mal fragen, ob Sie jemanden brauchen, der Ihnen ... Ah, Sie haben schon jemand ... Hmm ... Sind Sie zufrieden mit ihm? Ja, sind Sie ... Darf ich Sie in einem halben Jahr noch einmal anrufen, falls Sie dann nicht mehr zufrieden ... Ich darf? Danke, Ma'm. Wiederhören."

Nun meinte Mr. Raphel, das sei ein sehr cleveres Vorgehen für einen zehnjährigen Jungen. Er sollte jedoch nicht enttäuscht sein, dass er dieses Mal keinen Verkauf getätigt habe.

„O doch", sagte der Junge, „ich habe!" Und auf die erstaunte Frage von Raphel grinste er verschmitzt und erklärte, es handle sich um eine seiner Kundinnen und er wollte auf diese Art nur sehen, ob sie wirklich zufrieden sei.

2. Chancen am Telefon

George Walther,[22] einer der weltweit bekanntesten Telefontrainer, der sogar den amerikanischen Senat in Kommunikationsfragen beraten hat, legt auch Ihnen das Telefon als *das* Kommunikationsmittel ans Herz. Es ist bis heute eines der meistunterschätzten Kommunikationsmittel unserer Zeit. Sein größter Vorteil: Es stellt eine unmittelbare Verbindung zwischen dem Kunden und dem Unternehmen her.

> „Bauen Sie in jeden Telefonanruf ein Kompliment ein. Beispielsweise Folgendes: *‚Schön, dass Sie heute anrufen!'*
>
> Loben Sie Ihren Kunden, wenn er Ihnen eine Frage stellt."
>
> (George Walther)

Wichtig ist dabei, dass der Kunde sich ernst genommen fühlt. Sie schenken ihm (Be-)Achtung und Respekt. Tragen Sie nicht zu dick auf, Ihre Freundlichkeit muss echt und darf nicht aufgesetzt sein.

Wann hat man schon einmal die Chance, mit seinen Käufern reden zu können und sie hautnah zu betreuen? Eine Gelegenheit, die die meisten noch allzu oft ungenutzt verstreichen lassen.

Und Sie? Wie effizient nutzen Sie diese großartige Chance? Rufen Sie Ihre Kunden regelmäßig an (beispielsweise vier Wochen nach dem letzten Kauf, um zu sehen, ob der Kunde mit Ihrem Produkt/Service zufrieden ist)?

3. Kennen Sie Ihre akustische Visitenkarte?

Natürlich kennen Sie die simple Regel von wegen, dass die erste Stimme, auf die Ihr Kunde am Telefon akustisch „stößt", die „akustische Visitenkarte" Ihres Unternehmens ist.

Natürlich haben Sie deshalb Sorge dafür getragen, dass dieser „Erstkontakt" positiv, freundlich und kompetent verläuft. Haben Sie wirklich?

Natürlich ist Ihnen vollkommen klar, dass überlastete, unterbezahlte Telefonisten/-innen Ihren Kunden ohne Worte (bzw. zwischen den „Sätzen") sehr wohl etwas „sagen", nämlich: Diese Firma spart an der falschen Stelle.

Bei manchen Unternehmen wäre eine professionell aufgenommene Botschaft auf einem Anrufbeantworter sicher oft mehr im Sinne der Firma, als das, was da „live" abläuft.

Wohlgemerkt: Es liegt oft nicht an dieser „akustischen Visitenkarte", die Menschen müssen nicht selten nebenamtlich abnehmen (wobei jeder Anruf sie aus der eigentlichen Arbeit reißt). Es ist auch nicht die Schuld von Vollzeittelefonkräften, wenn pro Person zu viele Anrufe eingehen, so dass sie zwangsläufig gehetzt und kurz angebunden klingen.

Es ist auch nicht die Schuld der „akustischen Visitenkarten", wenn sie oft gar nicht wissen, an wen sie den Kunden eigentlich weiterverbinden sollten, so dass der Kunde seine Bitte, Frage oder Forderung mehrmals wiederholen muss.

Nur leider ist all das eher die Norm als die Ausnahme. Daher:

Testen Sie Ihre Telefondienstqualität!

Wann haben Sie zum letzten Mal überprüft, wer sich auf welche Weise für Ihre Firma am Telefon meldet, wenn Ihre Kunden Sie erreichen wollen?

Folgende Anrufe gelten bei diesem Test jedoch nicht:

- Sie rufen eine konkrete Person (beispielsweise Ihre Sekretärin) direkt (also mit Durchwahl) an.
- Sie rufen zwar die Telefonzentrale an, sind aber gedanklich so mit dem Problem beschäftigt, das den Anruf veranlasst hat, dass Sie überhaupt nicht bewusst registrieren, was Sie hören.

Also, wann haben Sie zum letzten Mal bewusst geprüft, was einem Ihrer Kunden „zustößt", wenn er Ihre Firma anruft?

4. Motivier' mich mal, gut sein zu wollen!

Prüfen Sie Ihre innere Einstellung. Warten Sie ständig darauf, dass irgendjemand Sie motiviert (zum Beispiel ein besonders netter Kunde bzw. Mitarbeiter?), oder sind Sie fähig, sich selbst zu begeistern? Hält eine „Niederlage" bei einem schwierigen Kunden (oder einem demotivierten Mitarbeiter) Sie davon ab, weitere geplante Termine hellwach und professionell wahrzunehmen? Hoffen Sie auf positive Zufälle und sind dann enttäuscht, wenn es anders kommt? In anderen Worten: Sind Sie überhaupt für den Beruf als Verkäufer/-in (oder Chef/-in) geeignet?

Das klingt hart, aber der „schlimme Alltag" jener, die andauernd über ihre Kunden (oder ihre Mitarbeiter als ihre „Kunden") meckern und jammern, ist doch weitaus härter!

Stellen Sie sich die nachfolgenden fünf Fragen, und antworten Sie so ehrlich wie möglich:

- Sind Sie von Ihrem Produkt (Ihren Mitarbeitern) begeistert? Wenn nicht, dann wären Sie vielleicht bei der Konkurrenz besser aufgehoben.

- Können Sie andere begeistern; das heißt, können Sie andere emotional bewegen?
- Lieben Sie Menschen und den Umgang mit ihnen? Der Misanthrop kann ein hervorragender Steuerfahnder sein, nie aber ein erfolgreicher Verkaufsleiter, Spitzenverkäufer oder eine mitreißende Führungskraft!
- Können Sie zuhören? Oder neigen auch Sie zur weit verbreiteten Sagetechnik, statt eine intelligent-einfühlsame Fragetechnik anzuwenden?
- Mögen Sie sich? Wer sich selbst nicht akzeptiert, kann auch andere nicht respektieren. Dies aber spürt Ihr Gesprächspartner immer – wenn auch oft unbewusst.

Laut einer Studie*) des Düsseldorfer Researchhauses „Learning International" sind *zu viele* Kunden mit den Verkäufern *unzufrieden*, insbesondere bemängelt wird:

- Die Beratung
  (17,5 Prozent der Einkäufer sind sauer),
- die Servicequalität
  (16,1 Prozent sind akut unzufrieden).

Des Weiteren stellt die Studie heraus, dass die Kunden vor allem in drei Punkten viel vom Verkaufspersonal erwarten. Werden diese erfüllt, ist man bereit, bei anderen Aspekten nachsichtiger zu sein:

- Einfühlungsvermögen,
- Markteinschätzung,
- überzeugende Repräsentation des eigenen Unternehmens.

---

*) Quelle: Sales Profi.

5. Pygmalion beim Verkaufsgespräch

Zur Erinnerung: Der Kunde bzw. „Kunde" ist immer unser jeweiliger Gesprächspartner, dem wir etwas (wenn auch nur eine Idee) „verkaufen" wollen. Also kann alles hier über Kunden Gesagte automatisch auch auf Ihre Mitarbeiter, Lebenspartner oder Kinder bezogen werden, unabhängig davon, ob wir den Begriff „Kunde" in Anführungsstriche setzen oder nicht.

Als Pygmalioneffekt bezeichnete der amerikanische Psychologe Rosenthal[23)] es, wenn wir versuchen, einen anderen „nach unserem Bilde zu formen". Die Story des griechischen Halbgottes Pygmalion lieferte die Grundidee für George Bernard Shaws Schauspiel „Pygmalion", welche in moderner Fassung in dem Musical „My Fair Lady" wieder auftaucht.

Auf den praktischen (Verkaufs-)Alltag bezogen, heißt das: Beide Parteien (Verkäufer und Kunde) haben Vorurteile über den anderen:

- Viele Kunden haben die (irrige?) Vorstellung, alle Verkäufer seien nur darauf aus, sie über den Tisch zu ziehen; also sind sie zunächst (unbewusst) ängstlich oder gar feindselig eingestellt.
- Viele Verkäufer aber haben eine ähnlich negative Einstellung gegenüber ihren (potenziellen) Kunden. (Beliebtestes Vorurteil: Alle Kunden wollen immer nur den Preis drücken.)

Deshalb artet ein Verkaufsgespräch oft zu einem regelrechten Kampf aus: Verkäufer suchen Techniken gegen Kunden, um beispielsweise im „Preiskampf" zu gewinnen, oder sie suchen verzweifelt Strategien, um die Abwehrhaltung von Kunden zu knacken.

Auch so genannte Abschlusstechniken bestehen oft nur aus einer Ansammlung von kurzsichtigen Tricks, um den „Gegner" zu überlisten.

Wie wäre es, wenn Sie vor jedem Gespräch zuerst einmal davon ausgingen, dass mancher Verkäufer Ihren potenziellen Kunden in der Vergangenheit verschreckt haben könnte und dass es jetzt an Ihnen liegt, ihm zu zeigen, dass es auch solche mit „weißer Weste“ gibt und dass Sie so ein Mensch sind?

Erfolgs-Tipp:

- Sie kommen mit einem positiven Vorurteil (etwa: „Dieser Kunde wird mir positiv begegnen“) viel weiter als mit Tricks und Techniken.
- Letztlich zählt, welche Signale Sie auf der Beziehungsebene senden.
- Fasst Ihr potenzieller Kunde Vertrauen zu Ihnen, dann wird sein Bauch auch seinen Kopf überzeugen; dann überzeugt Ihr Kunde sich letztlich selbst. Und an dieser (seiner) Überzeugung wird er (zu Ihrem Glück) dann hartnäckig festhalten.

Wenn Ihnen das gelingt, können wir den „Pygmalioneffekt“ beim Kunden ausnützen – mit Gewinn für alle Beteiligten.

6. Topverkäufer/-innen sind anders ...

Sie kennen die klassische Dreiteilung des Verkaufsprozesses in:

- *Pre-Sales* (vor dem eigentlichen Kauf),
- *Sales* (das Verkaufsgespräch/die Verhandlung selbst) und
- *Post-Sales* (alle Aktivitäten, die sich an den Kauf anschließen).

Die meisten Verkäufer meinen, sie seien allein für die zweite Phase zuständig. Aber: Im optimalen Fall beschreiben die drei Phasen eine Entwicklung, bei der die Post-Sales-Phase von heute in die Pre-Sales-Phase von morgen übergeht.

Gewöhnliche Verkäufer sehen sich in den meisten Fällen leider nur als „Verkaufsorgan" der Firma und meinen, der Innendienst sei für sämtliche Pre- und Post-Sales-Aktivitäten zuständig. Doch diese Denke ist falsch. Vielmehr gilt:

Wichtig: Superverkäufer sehen sich als Unternehmer, deshalb unternehmen sie mehr als Normalverkäufer/-innen!

Erfolgsfaktor Wissbegierde

Eine der herausragenden Eigenschaften echter Verkaufsprofis (und Chefs, die in ihren Mitarbeitern ihre „Kunden" sehen) ist ihre unstillbare Wissbegierde. Sie gehen zu Seminaren, tauschen sich mit Gleichgesinnten (anderen Topverkäufern oder Führungskräften) aus, studieren Spezialliteratur oder hören Kassetten zur eigenen Schulung.

Hervorragendes Beispiel neben Murray Raphel und Gary Karrass ist *Joe Girard*. Eigentlich ist er nur ein „kleiner Verkäufer" eines Chevrolet-Autohauses – einer unter vielen. Tatsache aber ist, dass er für die Zufriedenheit seiner Kunden mehr unternimmt als mancher Geschäftsinhaber. Sie finden einige seiner Ideen in diesem Kapitel; diese können sicher auch Ihnen gute Anregungen geben!

Laut Guinness-Buch der Rekorde war Joe Girard zwölf Jahre hintereinander weltbester Pkw-Verkäufer.

Er kommt aus ärmsten Verhältnissen und lebte die ersten 35 Lebensjahre immer am Rande des Verhungerns und der Kriminalität. Dann bekam er den Job als Autoverkäufer unter der Voraussetzung, dass er unter normalen Umständen nie eine Chance bekäme. Wie das kam? Die Verkäufer hatten ein Rotationssystem: Wenn ein potenzieller Kunde den Showroom betrat, dann hatte der Verkäufer, der gerade „dran" war, die Chance auf diesen Kunden.

Joe Girard war von Anfang an aus diesem System ausgeschlossen; und so musste er lernen, sich seine eigenen Kunden zu suchen. Deshalb können wir so viel von ihm lernen!

Viele Autoren, deren Werke in den Anmerkungen ab Seite 190 und im Literaturverzeichnis angegeben werden, sind Topverkäufer, die nicht damit zufrieden waren, „normales Verkaufspersonal“ zu sein.

Das sind Leute, von denen wir lernen wollen. Warum sollte jeder einzelne erfolgreiche Verkaufstaktiken von neuem erfinden müssen (wie Joe Girard damals vor Jahrzehnten)?

7. Kundenakquisition: Joe Girards „Birddog-System“

Joe Girard[24)] hat einen sehr guten Rat für die Kundenakquisition. Dabei wendet er sich an Verkäufer/-innen, die unternehmerisch denken.

Er vergleicht ihre Arbeit als Starverkäufer mit der Aufgabe eines guten Landwirts:

Sie pflanzen viele Samenkörner, und zwar das ganze Jahr über. Und Sie ernten das ganze Jahr über. Und jedesmal, wenn Sie etwas ernten, pflanzen Sie sofort wieder die nächsten Samenkörner, damit Sie morgen und übermorgen wieder ernten können; das heißt, nach jedem Abschluss kümmern Sie sich sofort um neue „Samenkörner“.

Das System basiert auf Personen, die für Sie die Funktion eines „Birddogs“ übernehmen. (Auf der Jagd ist der „Birddog“ ein besonders trainierter Hund, der Ihnen möglichst viele „Birds“ (Enten, Fasane etc.) vor die Flinte treibt, ohne sie selbst anzugreifen.)

Worum es Girard geht, sind Empfehlungen: Motivieren Sie Ihre zufriedenen Kunden, Sie aktiv weiterzuempfehlen (das ist die Saat, durch die Sie spätere Geschäfte ernten können).

Allerdings reicht es keinesfalls, beiläufig oder nur einmalig um Empfehlungen zu bitten. Sie müssen Ihre Kunden regelmäßig daran erinnern, wenn Sie Kontakt halten (also die Saat wässern), denn Ihre Kunden würden von sich aus sicherlich nicht ständig an Sie denken.

Wichtig: Je öfter Ihre Kunden positiv an Sie erinnert werden, desto öfter werden sie von Ihnen sprechen. Nur so können Sie die alte Regel umsetzen: Die besten Geschäfte macht man mit zufriedenen Kunden und „warmen" (also frisch angebahnten) Neukontakten.

Voraussetzung ist natürlich, dass Sie zufriedene Kunden (Birddogs) haben und diese gut „pflegen". Dann werden Sie immer wieder reiche Ernte „einfahren".

Prämien zahlen?

Ob und in welcher Form Sie manchen Ihrer Kunden „Birddog-Prämien" anbieten, müssen Sie im Einzelfall entscheiden, insbesondere, wenn Sie das „Birddog"-System auch auf Nichtkunden ausweiten. So hatte Joe Girard beispielsweise viele Friseure in seiner Gegend motivieren können, auf den Frisiertischen ein kleines Plakat anzubringen (Inhalt: Wenn Sie an ein neues Auto denken, fragen Sie mich). Wenn der Gast den Friseur tatsächlich fragte, zückte dieser sogleich eine Visitenkarte von Joe Girard (mit denen Joe Girard seine Birddogs natürlich immer versorgt!).

Nun schrieb der Friseur seinen eigenen Namen hinten auf die Karte und übergab sie dem Kunden: „Sagen Sie Joe, ich hätte Sie geschickt." Später kassierte der Friseur eine Prämie, wenn dieser Kunde einen Wagen kaufte.

Joe Girard zahlte jedem Birddog 25 Dollar für eine Empfehlung, die zu einem Pkw-Kauf führte. Natürlich waren viele Birddogs seine eigenen Kunden. Er betonte, dass auch höchste Bankdirektoren und Vorstandsmitglieder auf diese Prämie „scharf waren" und dass man nie glauben dürfe, ein hohes Einkommen mache Leute immun.

Sie sollten sich diese Statistik immer wieder ins Bewusstsein rufen:

Während unzufriedene Kunden zehn bis fünfzehn Leuten (viele davon potenzielle Kunden) von ihrem Ärger erzählen, berichten zufriedene Kunden im Schnitt nur drei bis fünf Leuten von ihrer guten Erfahrung.

Erfolgs-Tipp:

Je mehr Ihrer Kunden positiv an Sie denken, desto besser wird Ihr persönlicher Ruf, an dem der Ruf Ihrer Firma hängt. Kunden kaufen von Verkäufern, nicht von anonymen Firmen.

Wenn Ihr Ruf sich stetig verbessert, haben Sie die beste Voraussetzung für Joe Girards „Birddog-System" geschaffen. Und solche Voraussetzungen müssen Sie sich im Wortsinn *selber schaffen*, das kann Ihnen auch der beste Innendienst nicht abnehmen.

8. Joe Girards Riesenrad

Joe Girard vergleicht Neukundengewinnung und langfristige Kundenbeziehungen mit einem Riesenrad, das sich langsam, aber stetig dreht. Auf diese Weise können immer einige Fahrgäste aus- und neue einsteigen.

Wenn wir gute Kundenunterlagen haben und diese sorgfältig pflegen, dann wissen wir (oft vor ihnen), wann bestimmte Kunden einen erneuten Kauf planen oder planen könnten.

Einige interessante Beispiele

Eine Kundin hat uns beiläufig mitgeteilt, dass sie in einem halben Jahr über den Kauf des nächsten Wagens nachdenken wird.

Das war einer jener berühmten Nebensätze, die die meisten Verkäufer/-innen

- nicht wahrnehmen oder
- nicht registrieren (selbst wenn sie ihn gehört haben).

Ein/e Pkw-Verkäufer/-in vom Schlag eines Joe Girard weiß also, dass diese Kundin in einem halben Jahr „kaufbereit" ist. Also wird er/sie in fünf Monaten mit ihr wieder über Pkw reden und dazwischen ein, zwei lose Kontakte pflegen. Eine einfache Strategie, meinen Sie? Und warum wird sie dann so selten verfolgt?

Joe Girard betont zudem, dass gute Verkäufer/-innen teilweise direkte „Spionagetätigkeiten" ausüben. Wenn die Sekretärin von Mr. Kovach uns irgendetwas mitteilt, was für uns als Verkäufer wichtig ist, dann

- hören wir aufmerksam zu (oft findet sich die „Perle" in einem Wust von „Geschwätz"),
- registrieren wir es (und notieren es, sowie wir außer Sichtweite sind), und das Wichtigste:
- wir nützen diese Informationen zur richtigen Zeit.

Auf diese Weise sind wir mit einigem Glück der erste Verkäufer, der den betroffenen Kunden rechtzeitig anspricht (oft sogar der Einzige, wenn es Zeit ist, diesen Kunden zur nächsten Runde im Riesenrad einzuladen)!

Erfolgs-Tipp:

Sie müssen regelmäßig Kontakt zu Ihrem Kunden halten! Rufen Sie zwischen Ihren Besuchen an (fragen Sie zum Beispiel, ob das bisher Gekaufte sich bewährt hat); faxen Sie Beiträge aus Zeitungen und Fachzeitschriften, die für diesen Kunden von Interesse sein könnten; versenden Sie unerwartet ein kleines (Werbe-)Geschenk – und zwar bitte nicht nur zu Weihnachten.

Diese Aktivitäten gehören einerseits in die Post-Sales-Phase des letzten Auftrags, bereiten aber im gleichen Zug spätere Aufträge vor. Somit geht die alte Post-Sales-Phase in die neue Pre-Sales-Phase über.[25)]

9. Neun Denkanstöße aus Joe Girards „Verkäuferphilosophie“

Es ist Ihr Business

Wenn Sie sich entscheiden, persönlich Ihr Business aufzubauen, dann tun Sie es.

Der Haupttrick besteht hierbei darin, anzufangen und weiterzumachen. Es ist immer Ihr persönliches Geschäft. Egal, für wen (welche Firma) Sie arbeiten; letztlich bauen Sie immer Ihr persönliches „Business“ auf. Die Kunden vertrauen Ihnen. Die Kunden rufen Sie an, um nachzubestellen. Und die Kunden wandern zur Konkurrenz ab, wenn sie mit Ihnen unzufrieden sind, sei es, dass sie mit Ihnen emotional nicht klarkommen oder sich von Ihnen in der Sache schlecht beraten fühlen.

Selbstmitleid

Selbstmitleid ist eine der größten Fallen, in die ein Verkäufer hineinfallen kann. Selbstmitleid garantiert Ihnen, dass Sie verlieren werden. Es tötet alles, was Sie benötigen, um ein Sieger zu werden: sowohl im privaten als auch im Verkaufsleben.

Niederlage

Natürlich macht es keinen Spaß, Abfuhren zu erhalten. Aber Sie dürfen nie so enttäuscht sein, dass Sie nicht mehr bereit sind, an weiteren Türglocken zu klingeln (bzw. telefonisch zu akquirieren). Denn: Mit der Zahl Ihrer Verkaufsgespräche steigt (bei gleich bleibender Erfolgsproportion) zwangsläufig auch die Zahl der Abschlüsse.

Gefahren für gute Verkäufer

Vermeiden Sie auf alle Fälle die Mitgliedschaft im Club, das heißt, in der Gruppe der normalen Verkäufer in Ihrer Firma. Hauptthemen der Clubmitglieder, die Sie meiden sollten, sind mit schöner Regelmäßigkeit: wie beschissen die Marktlage ist, wie fies die Kunden sind, wie schwierig alles geworden ist, wie gut es beim Wettbewerber läuft und wie schlecht in der eigenen Firma. Doch: das sind selbstgesetzte Grenzen. Ständige Konzentration auf echte oder eingebildete Nachteile Ihres Produktes (Ihrer Firma, des Marktes) müssen Sie zwangsläufig schwächen. Außerdem ist das Gras auf der anderen Seite immer grüner. Vielleicht gibt es in Ihrer Firma ja Dinge, um die Ihr Wettbewerber Sie beneidet? Konzentrieren Sie sich auf die Aspekte Ihrer Arbeit, die Sie selbst gestalten können (etwa auf die Riesenrad- oder Birddog-Methode), denn Sie sind Profi! Sie bestimmen Ihr Leben – auch Ihr berufliches.

Üben Sie bei schwierigen Kunden

Üben Sie bei schwierigen Kunden, die andere Verkäufer Ihrer Firma bereits „aufgegeben“ haben. Hier lernen Sie enorm viel, unabhängig davon, ob Sie erfolgreich sind oder nicht. Denken Sie auch an eigene Kunden, die Sie gerne vor sich herschieben, obwohl Sie sie schon längst wieder besucht haben sollten.

Das Alte-Verkäufer-Syndrom

Neue Verkäufer sind noch hungrig. Zu Beginn arbeiten sie noch mit vollem Engagement. Sie lernen (auch in der Freizeit) mehr über ihr Produkt, sie versuchen, guten Verkäufern etwas „abzuschauen“ oder Ideen eines Sales-Meetings umzusetzen. Aber nach einer Weile erlahmt der Tatendrang, und sie werden träge. Sie lassen sich von Miesmachern beeinflussen, sie vergeuden ihre Zeit. Lassen Sie es nie so weit kommen!

Von „normal“ zu super!

Überlegen Sie einmal: Wenn ein „normaler“ Verkäufer mit seiner mehr oder weniger negativen Einstellung, seinen Vorurteilen gegen Kunden, seiner Mitgliedschaft im „Club der Meckerer“ soundso viel verkaufen kann (also nicht wegen, sondern trotz seiner Einstellung): Wie viel mehr muss derselbe Verkäufer verkaufen können, wenn er sich endlich als Profi begreift, der sich seine Chancen selber schafft, anstatt auf angenehme Zufälle zu warten?

Profiverkäufer sind wie „Profispieler“

Vergleichen Sie sich lieber mit einem Tennis-Ass als mit Ihren werten Kollegen (vor allem den chronischen Nörglern). Welche Maßstäbe legen solche Profis an? Was tun sie, um Weltspitze zu sein? Wie motiviert sind sie, auch an „schlechten“ Tagen zum Training oder Turnier zu fahren? Warum? Sie könnten doch ähnlich engagiert an Ihren Beruf herangehen, oder?

Die tägliche Arbeit

Eine der Forderungen im Verkaufstraining ist: Plane deine Arbeit und arbeite gemäß Plan. Wir alle haben es oft gehört ... Trotzdem – es ist der beste Rat, den Sie erhalten können ... Wir reagieren dann nämlich nicht auf eine Reihe von Zufällen (wie beispielsweise, welcher Kunde den Laden betritt, wenn wir gerade an der Reihe sind). Wir unternehmen etwas! Und dieses Handeln wird uns unsere *eigenen* Kunden bringen (nicht nur die, die sich „zufällig" an unsere Firma wenden). Je mehr Kundenakquisition Sie von sich aus betreiben, desto weniger Maßnahmen fordern Sie von Ihrer Firma, Maßnahmen, von denen alle Verkäufer im selben Maß profitieren (etwa ein großes Mailing) bzw. bei dem alle Verkäufer gleichermaßen in die Röhre schauen, wenn es nicht erfolgreich war.

Erfolgs-Tipp:

Wenn Sie Wartezeiten überbrücken müssen, dann nutzen Sie diese.

- Beim Kunden: Schauen Sie sich um! Sie können unendlich viel lernen, wenn Sie Augen und Ohren aufsperren, während Sie warten.
- Am Bahnhof/Flughafen. Sie können lesen!
- Im Büro, zwischen wichtigen Terminen: Sie können Ihre Kundenkartei auf den neuesten Stand bringen.
- Mit anderen Worten: Es gibt immer eine Menge zu tun für die, die bereit sind, engagiert zu arbeiten und dementsprechend den Nutzen daraus zu ziehen.[26)]

10. Murray Raphel

Ich bin seit vielen Jahren ein akuter Fan von Murray Raphel, einem Geschäftsmann, der (ähnlich wie Joe Girard) alles, was er „predigt", selbst vorgelebt hat und noch ständig vorlebt. Da eins seiner besten Bücher *(Mind your Own Business*[27]*)* auf deutsch erhältlich ist, gibt es keine Ausrede mehr, ihn nicht zu lesen. Lassen Sie sich von dem reißerischen deutschen Titel *(Das Geheimnis des Werbebriefs, der einfach alles verkauft)* nicht abschrecken. Denn erstens werden Sie, wenn Sie wirklich unternehmerisch denken, auch eigene Mailings an Ihre Kunden versenden (wie Joe Girard, der ja ebenfalls „eigentlich nur" ein Verkäufer in einem Autohaus ist). Und zweitens geht Murray Raphel weit über Direct-Mailing-Ideen hinaus. Also: Selbst wenn Sie nie einen Werbebrief verschicken wollen, können Sie aus diesem Buch viel lernen.

Folgende Eigenschaften machen nach Murray Raphel einen Topverkäufer aus:

Elan

Erfolgreiche Verkäufer sind immer mit vollem Elan bei der Sache. Sie suchen keine Ausreden, um nicht arbeiten zu müssen, sondern sie arbeiten, weil es ihnen Spaß macht.

Aufmerksam zuhören

Sie können den alten Erfolgssatz (den übrigens auch Dale Carnegie unermüdlich wiederholt) „Finden Sie heraus, was Ihr Kunde wünscht; und bieten Sie ihm genau das!" nie in die Tat umsetzen, wenn Sie nicht richtig zuhören. Zum Zuhören gehört natürlich Disziplin (wie sie nur Profis aufbringen).

Misserfolg

Wie viele Verkäufer geben schon nach dem ersten Misserfolg auf? Oder nach dem zweiten? Oder dem dritten? Derjenige, der immer wiederkommt, wird schließlich den Auftrag schreiben. Tatsache ist, dass nur 20 Prozent der Verkäufer 80 Prozent aller Waren verkaufen.

Die Bereitschaft zu lernen

Ein intelligenter Mensch gibt zu, wenn er etwas nicht weiß; fügt jedoch gleich hinzu: „Ich werde mich erkundigen."

Wie heben Sie sich am besten vom Wettbewerb ab?

Sorgen Sie dafür, dass Sie liebenswert (oder zumindest mögenswert) sind. Die meisten Kunden sehen keine großen Unterschiede zwischen den Unternehmen einer Branche. Banken verkaufen Dienstleistungen auf dem Finanzsektor, Supermärkte verkaufen Lebensmittel, Textilgeschäfte verkaufen Kleidung, die Aufzählung lässt sich beliebig fortführen. Warum sollte der Kunde also lieber bei Ihnen als beim Wettbewerber kaufen? Einer der wichtigsten Gründe: Er macht *gerne* mit *Ihnen* Geschäfte!

Die Treueleiter

Raphel berichtet von einem Gedanken seines Freundes (mit dem er das Buch *Der große Ideenklau* geschrieben hat): Es handelt sich hierbei um eine gedachte Leiter, die Ihre Kunden im Idealfall zielstrebig hinaufsteigen sollen:

- *Anwärter* (dies ist ein potenzieller Kunde)
- *Interessent* (hat noch nicht bei Ihnen gekauft)
- *Käufer* (hat mindestens einmal gekauft, geht aber möglicherweise nach wie vor zum Wettbewerber)

- *Kunde* (kauft regelmäßig bei Ihnen)
- *Fürsprecher* – das ist ein Stammkunde, der aktive Mund-zu-Mund-Propaganda für Sie betreibt

11. Sieben Tipps aus der „Verkaufsphilosophie" von Gary Karrass

Gary Karrass hat viel von seinem Vater Dr. Chester Karrass gelernt. Sein Buch *Geschickt verhandeln, erfolgreich abschließen* enthält sowohl die wichtigsten Einsichten des Seniors als auch neu entwickelte Ansätze.[28)]

Einige Schlüsselgedanken zeigen Ihnen, warum die Karrass-Verkaufstrainingsseminare weltweit zu den ausgebuchtesten zählen. Übrigens decken sich so manche Aussagen von Karrass mit denen von Joe Girard und Murray Raphel – kein Wunder, es gibt gewisse Eigenarten und Verhaltensweise, die Topleute von normalen Verkäufern unterscheiden.

Zielen Sie höher

Vater und Sohn Karrass haben in einer Reihe von Untersuchungen immer wieder nachgewiesen: Je höher ein Verkäufer „zielt", desto höhere Preise wird er durchsetzen können. Räumen Sie endlich mit dem Ammenmärchen auf, (fast) alle Einkäufer würden ausschließlich auf den Preis sehen. Es ist einfach nicht wahr.

Denken Sie an Ihre Stärken

Konzentrieren Sie sich nicht auf Ihre Schwächen, sondern auf Ihre Stärken. Das heißt nicht, dass Sie nicht ständig daran arbeiten sollten, noch besser zu werden. Aber wenn Sie einem Kunden gegenübertreten, müssen Sie sich genau bewusst sein, warum Sie gut sind.

Benützen Sie die Kräfte, die Ihnen der Wettbewerber gibt

Es gibt viele Faktoren, die Ihren Kunden daran hindern können, beim Wettbewerber zu kaufen. Denken Sie also stets daran: Sie haben eine weit stärkere Position, als Ihnen normalerweise klar ist!

Nutzen Sie die Macht Ihres Wissens!

Das geht natürlich nur, wenn Sie bereit sind, lebenslang zu lernen und Wissen aufzunehmen. Nicht nur über Ihr Produkt und Ihre Branche (inklusive Ihren Wettbewerber). Jeder kennt den Satz „Wissen ist Macht", aber die meisten Menschen sind allzu freiwillig bereit, „macht-los" zu sein.

Erkennen Sie Taktik

Identifizieren Sie taktische Schachzüge als solche, und handeln Sie dementsprechend. Das geht natürlich nur, wenn Sie bereit sind, alles über Taktik zu lernen, um sie im richtigen Moment zu erkennen und zu können.

Sorgen Sie für ein Höchstmaß an Zufriedenheit

Karrass betont, dass Zugeständnisse, die man dem Einkäufer praktisch kampflos „schenkt", diesen nicht zufrieden stellen werden; also wird er weitere Forderungen erheben. Wenn man ihn hingegen um ein Zugeständnis ringen lässt, hat er das Gefühl, seinen Job zu seiner Zufriedenheit getan zu haben.

Streben Sie nach einer besseren Lösung für beide Seiten

Denken Sie immer daran, dass jede Verhandlung sich auf nachfolgende Verhandlungen auswirken wird. Sorgen Sie daher für Lösungen, die langfristig beiden Seiten Vorteile bescheren.

12. Vertrauensbildende Maßnahmen

Kunden haben oft Ängste

Viele Kunden (auch Einkäufer) haben Angst vor Verkäufern. Manche offenbaren ihre Nervosität offensichtlich durch eine aggressive Kommunikationshaltung (Kampf) oder Fluchtmanöver (indirekte Flucht: Zusagen, die später nicht gehalten werden). Wieder andere verbergen ihre Angst äußerst erfolgreich – oft sogar vor sich selbst.

Tatsache ist, dass zu viele Verkäufer (und Chefs) dem Ruf dieser Profession geschadet haben.

Man denke nur an unseriöse Versicherungsvertreter oder „Abonnementdrücker" aller Couleur! Oder an Vorgesetzte, die zwar vorsitzen, aber nicht vor-leben, was sie von ihren Mitarbeitern fordern. Also liegt es an uns, dem Kunden (oder Mitarbeiter), der bereits schlechte Erfahrungen gemacht hat (oder ein „völlig grundloses" Vorurteil besitzt), zu zeigen, dass *wir* im Gegensatz zu den anderen vertrauenswürdig sind.

Das Vertrauen des Gesprächspartners muss dabei immer erworben werden – man bekommt es nicht geschenkt. Wenn Sie dies bei jedem Wort (Versprechen), das Sie geben, berücksichtigen, wird der Kunde Ihnen zu vertrauen beginnen.

Vertrauen, Liebe, Respekt: Ergebnis harter Arbeit

Lassen Sie ihm Zeit, wenn er sie braucht, weil er Sie braucht. Vertrauen kann man nicht erzwingen, ebenso wenig wie Liebe und Respekt.

Gleichzeitig müssen Sie Ihrem Kunden einen gewissen Vertrauensvorschuss geben – weil er der Kunde ist. Seien Sie ruhig vorsichtig, aber nicht misstrauisch, sonst könnten Sie durch den bereits beschriebenen Pygmalioneffekt genau das auslösen, was Sie befürchten.

Auch wenn es manchmal schwer fällt, diesen Vertrauensvorschuss zu geben, wir müssen den Spielregeln anderer gehorchen, schließlich wollen wir etwas vom Kunden, nicht umgekehrt.

Der Kunde weiß, was er will, oder?

Oft nicht. Erst ein qualifiziertes Gespräch mit einem Profiverkäufer hilft ihm, seinen Wunsch exakt zu formulieren. Dies ist eine unserer vornehmsten Aufgaben. Joe Girard[29)] vergleicht den Verkäufer mit einem Chirurgen. Ein voreiliges Angebot, so meint er, gleicht der Situation, in der er einem „Kunden" die Niere herausnehmen will, obwohl dessen Blinddarm entzündet ist. Deshalb seien Sie sicher, welche individuellen Verkaufsmaßnahmen die richtigen für diesen bestimmten Kunden sein werden, ehe Sie sich festlegen.

Wir wollen nur zufriedene Kunden!

So banal es klingt: Es geht nicht nur um den Vorteil des Kunden (Mitarbeiters), sondern auch um unseren eigenen; denn nur zufriedene Kunden (Mitarbeiter) verhandeln (arbeiten) gerne mit uns. Also gewinnen beide Parteien.

13. Das Verkaufsgespräch

Es folgen fünf fundamentale Grundsätze, die Ihre Chancen bei Kunden oder Mitarbeitern enorm vergrößern:

Profis sprechen ihre Gesprächspartner regelmäßig mit Namen an

Jedes Aussprechen des Namen bedeutet:

- Für Ihren Gesprächspartner: Sie zeigen, dass Sie wirklich seine Person meinen und keine allgemeinen Floskeln von sich geben.

- Für Sie: Sie müssen sich voll auf diese Person einstellen, nur so können Sie die (emotionale) Brücke bauen. Namen sind ein wichtiges Signal und helfen, erfolgreich Beziehungen aufzubauen.

Profis lassen kaufen (Joe Girard)

Am besten ist es, wenn Ihr Gesprächspartner *sich selbst* überzeugt, dass er kaufen will. Sie sollten ihn im Idealfall nur dabei unterstützen. Geben Sie dem Kunden genügend Chancen, sich offen zu legen, während Sie beobachten und zuhören; auf diese Weise lernen Sie genug über ihn und seine Wünsche, lange ehe die letzte Verhandlungsrunde beginnt.

Profis fragen intelligent und hören aufmerksam zu

Dies ist der häufigste Fehler: sagen statt fragen, hören und lernen! Zu einseitige, vom Verkäufer forcierte Verhandlungen scheitern: Weil schlechte Verkäufer zu sehr auf sich konzentriert sind, während der Profi dem Kunden seine gesamte, ungeteilte Aufmerksamkeit für die Dauer des Gespräches *schenkt*. Deshalb erhält er viel zurück (vielleicht nicht sofort, aber mit einiger Sicherheit später!).

Profis agieren

Geist-lose Verkäufer re-agieren; sie überlassen ihrem Gegenüber die Initiative. Profis hingegen konzentrieren sich in der ersten Phase des Gespräches darauf, möglichst viel zu beobachten und wirklich zuzuhören (vergleiche auch Punkt 3). Wenn Sie sich ein gutes Bild verschafft haben, geben Sie Ihrem Gesprächspartner ein kurzes „Feedback", ehe Sie mit Ihrem Angebot „vorpreschen". Fassen Sie etwa kurz zusammen: „Wenn ich Sie richtig verstanden habe, hat das Gewicht der Bauteile die höchste Priorität?" Hier wird der Kunde entweder zustimmen, oder aber er kann rechtzeitig korrigieren, falls er sich falsch verstanden fühlt. Jetzt erst bietet der Profi eine konkrete Problemlösung an. Also hat er erst die (zwischenmenschliche) Beziehungsebene aufgebaut und sachlich viel erfahren, ehe er konkret wird.

Profis sind flexibel und lernbereit

Gute Verkäufer sind „wie Kinder": ständig bereit zu wachsen (intellektuell und geistig-seelisch). Das spüren Gesprächspartner und reagieren positiv. Denn sie bewundern Leute, die ständig weiterlernen wollen, egal, wie lernfaul sie selbst inzwischen sein mögen.

14. Wie schnell denkt Ihr Kunde?

Wie, glauben Sie, sieht das Verhältnis zwischen Sprech- und Denktempo aus? Denkt der Mensch:

- doppelt
- dreimal
- viermal
- oder fünfmal so schnell, wie er spricht?

Die Antwort: Die meisten Menschen denken zwischen vier- und fünfmal so schnell, wie sie selbst sprechen. Allerdings hängt das Denk- und Sprechtempo davon ab, wie neu die Gedanken sind, die ins Gedächtnis gerufen werden.

Konsequenzen für die tägliche Praxis

- Je mehr Redundanz (salopp: unnützes Geschwafel) die Rede eines Beraters/Verkäufers enthält, desto mehr langweilt sich der Kunde.
- Je mehr Aussagen der Monolog enthält, desto größer ist die Wahrscheinlichkeit, dass die Gedanken des Kunden in „gewohnte Bahnen" abschweifen.
- Und umgekehrt: Je mehr Fragen den Monolog unterbrechen, desto häufiger wird der Kunde gedanklich (wieder) ins Hier und Jetzt (zurück)geholt. Frage: Wie viel Prozent *Ihrer* „Rede" sind Fragen?

15. Nach dem Verkaufsgespräch Notizen machen

Notizen über den Kunden

Notieren Sie, was Sie heute über die Situation oder Probleme des Kunden gelernt haben, sowie konkrete Maßnahmen, die Sie aufgrund des Gelernten ergreifen wollen.

Legen Sie heute bereits fest, wann Sie diesen Kunden wieder kontaktieren wollen. Diese Informationen gehören in Ihre Kundenkartei.

Nur so kann die heutige Sales-Situation Teil der unendlichen Kette (Pre-Sales, Sales, Post-Sales) werden.

Waren Sie heute nicht erfolgreich, dann befinden Sie sich nach wie vor in der derzeitigen Pre-Sales-Phase.

Waren Sie heute erfolgreich, so wird später einmal die derzeitige gute Post-Sales-Phase sanft in die folgende Pre-Sales-Phase übergehen, wenn Sie den Kunden weiterhin gut betreuen.

Notizen über sich

Fragen Sie sich nach jedem Verkaufsgespräch: Was haben Sie *gut* gemacht?

Machen Sie regelmäßig Notizen, damit Sie systematisch herausfinden, wo Ihre Stärken liegen.

Wenn ein Gespräch nicht geglückt ist, fragen Sie sich ehrlich: Warum nicht? Beobachten Sie dabei, ob Sie im Zweifelsfall dazu neigen, dem Kunden die Schuld zuzuschieben. Wenn es Ihnen absolut schleierhaft bleiben sollte, warum Sie heute Ihr Verkaufsziel nicht erreicht haben, können Sie sich auch mit Kollegen austauschen. Als Unbeteiligte haben diese sicherlich auch einige Anregungen oder Kritikpunkte einzubringen, an die Sie so nicht gedacht hätten. Im Übrigen kann ein regelmäßiger Erfahrungsaustausch unter Kollegen auch sehr förderlich für die zukünftige Arbeit aller sein!

16. Reklamationen am Telefon

Wissen Sie, dass von hundert unzufriedenen Kunden nur vier reklamieren? Und die vier wollen wir oft am liebsten loswerden, statt zu lernen, was bei uns schief läuft? Jede Reklamation ist immer auch eine Chance. Nützen Sie sie!

- Hören Sie zu. Lassen Sie den Kunden erzählen; notfalls auch mehrmals.
- Vergewissern Sie sich, ob Sie den Kunden richtig verstanden haben.
- Fragen Sie zuerst, welche Lösungsmöglichkeiten der Kunde sieht, ehe Sie Vorschläge machen. Oft sind seine Vorstellungen akzeptabel, dann brauchen wir nur noch zuzustimmen. Falls nicht, machen Sie einen Kompromissvorschlag.

- Sorgen Sie dafür, dass Versprechungen, die Sie dem Kunden jetzt machen, auch hundertprozentig eingehalten werden.
- Prüfen Sie hinterher, ob dies eingetroffen ist.

Reklamations-Checkliste

Jacques Horovitz[30)] bietet uns eine wichtige Checkliste an. Er fragt:

- Wie beantworten wir Probleme der Kunden?
- Wie schnell beantworten wir die Anfragen?
- In welchem Tonfall?
- Wird der Anrufer immer gleich dem richtigen Adressaten zugeleitet?
- Wie wird eine Anfrage behandelt, die man nicht sofort beantworten kann?
- Wird Missbrauch mit der Pausen-„Unterhaltungsmusik" betrieben, die für den Kunden am anderen Ende zum Ärgernis werden kann?

Prüfen Sie, in welchen Bereichen Sie in Ihrem Büro Schwachstellen finden, und tun Sie alles in Ihrer Macht Stehende, um diese abzustellen.

Wichtig: Ist eine Reklamation geschickt behandelt worden (ausschlaggebend ist dabei die gute Kommunikation!), dann wird dieser Kunde um ein Sechsfaches treuer sein als ein Kunde, mit dem wir nie ein Problem hatten!

Übung: Weltbester Verkäufer über Nacht

Wenn Sie über Nacht weltbester Verkäufer sein könnten oder ein(e) Chef(in), der (die) ihre Mitarbeiter erfolgreich motivieren kann, welche Eigenschaften würden Sie Ihrer Meinung nach besonders auszeichnen? Bitte notieren Sie hier, welche Eigenschaften Ihnen einfallen!

. . . .

. . . .

. . . .

. . . .

. . . .

Sehen Sie sich Ihre Aufstellung genau an, und fragen Sie sich dann: Wie könnte ich solche Gedanken an meine Mitarbeiter oder Ähnliche weitergeben (vor allem außerhalb der klassischen Schulungen)? – Lesen Sie folgende Antwort.

17. Firmenradio – gehen Sie auf Sendung!

Für die Mitarbeiter Ihrer eigenen Firma

Mehr und mehr amerikanische Firmen gehen inzwischen dazu über, wichtige Neuigkeiten für den Außendienst auf Tonkassetten zu verbreiten.

Infoservice für den Außendienst
■ Regelmäßige Infos über den Wettbewerb ■ Neuigkeiten über die eigene Firma ■ Verkaufsunterstützende Ideen

Diese Inhalte solcher Kassetten haben, wenn sie mit etwas Liebe und Kreativität erstellt werden, eine weit größere Chance, aufmerksam zur Kenntnis genommen zu werden, als die meisten üblichen „Memos“, die oft vom Verkaufsleiter hastig und lieblos zusammengestrickt werden.

Für „Alleinkämpfer/-innen" oder Freiberufler

Natürlich können auch Sie die Idee nutzen.

Zum einen können Sie sich wichtige Infos auf Kassette lesen (lassen), die Sie dann auf Reisen mehrmals abhören.

Zum anderen gibt es inzwischen besprochene Kaufkassetten zum Verkaufstraining.

Radio für Ihre Kunden

Einige meiner Kunden haben solche Kassetten produziert und versenden sie wiederum an ihre Kunden (pro Jahr einmal). Die Reaktionen waren durchweg sehr positiv. Wenn Sie Informationen haben, die Sie Ihren Kunden gerne mitteilen wollen, dann ist dies ein hochinteressanter Weg, sie ihnen zu vermitteln.

Die Kosten sind weit geringer, als manche glauben: Wenn Sie die einmaligen Fixkosten (Sprecher, Studio, Schneidearbeiten, Mutter- und Masterband) mit den Kosten für „klassische Werbemedien" vergleichen (beispielsweise einen aufwendig gestalteten farbigen Prospekt), liegen bereits die Grundkosten sehr niedrig. Die einzelne Kassette (Leerkassette, Kopieren und Etikettieren) kostet später nicht mehr als ein halbwegs ansehnliches Wegwerffeuerzeug (übrigens eines der am häufigsten eingesetzten Werbegeschenke).

18. CI – die ersten drei Zielgruppen

CI – dieses Wort steht, wie Sie wissen, für „Corporate Identity", also für das Image, das Ihre Firma nach „draußen" transportiert. Dieses „draußen" betrifft keinesfalls nur die Öffentlichkeit (also auch Ihre potenziellen Kunden), sondern vier Menschengruppen, die bei CI-Kampagnen in der Regel vollkommen übersehen werden:

Ihre eigenen Mitarbeiter

Corporate Identity muss von innen aus der Firma und ihren Mitarbeitern nach außen wirken, es kann nicht von einer cleveren Beraterfirma „verkauft" werden.

Das Umfeld Ihrer Mitarbeiter

Sämtliche Personen, mit denen Ihre Mitarbeiter in mehr oder minder engem Kontakt stehen, stellen eine weitere vernachlässigte Zielgruppe dar. Gerade diese Menschen werden im wahrsten Sinne oft „außen vor" gelassen. Aber überlegen Sie: Jeder Mitarbeiter kennt zirka 25 Personen näher (Familie, Freunde, Nachbarn, Clubmitglieder), und er kennt insgesamt im Schnitt 250 Personen (vom Bäcker nebenan bis zu seinem Versicherungsagenten) in seinem sozialen Umfeld. Und alle werden ihn öfters fragen: „Wie geht's?" Und allen wird er antworten ... Wird er dabei seine Firma erwähnen, vielleicht sogar direkt oder indirekt klagen („Es ginge gut, wenn der Beruf nicht wäre!"). Bei nur hundert Mitarbeitern transportieren diese die CI einer Firma in die Köpfe von zirka 25 000 Menschen.

Dann erst kommt eine weitere Zielgruppe, die permanent unterschätzt wird:

Ihre existierenden Kunden

Sie glauben doch wohl kaum, dass eine schlecht gemanagte Reklamation das positive Image, das Sie per PR-Aktionen verbreiten wollen, stützen wird, oder?

Übrigens: Auch Ihre Lieferanten bilden eine Zielgruppe, die allzu oft vernachlässigt wird. Haben Sie sich schon überlegt, welche Eindrücke Ihre Lieferanten von Ihnen gewinnen und wie vielen Leuten sie das weitererzählen könnten?

Die hier genannten drei Zielgruppen sind es, die Ihre CI maßgeblich (mit)prägen – und zwar kostenlos!

Die Leute, die Ihre Öffentlichkeitsarbeit und Ihre Werbung erreicht

Dies ist die Zielgruppe, für die am meisten Aufwand betrieben wird – nicht selten mit millionenschweren Etats.

19. Anruf beim obersten Firmenboss?

Der Bestsellerautor Tom Peters,[31)] dessen Buch *Jenseits der Hierarchien* ich jeder (angehenden) Führungskraft wärmstens ans Herz legen möchte, erzählte im Jahre 1990 auf einer Tagung in London von einer innovativen amerikanischen Firma. Sie ließ allen Kunden eine Karte zukommen, die wie eine Kreditkarte aussah und auf der eine gebührenfreie Service-/Telefonnummer aufgedruckt war. Aber auf der Karte befanden sich noch einige andere Rufnummern, die Abertausende von Kunden ebenfalls anrufen konnten, und zwar die Privatnummern der obersten Firmenbosse.

Ja, Sie haben richtig gelesen: des gesamten Topmanagements sowie des Vorstands dieser Firma. Jeder von diesen Männern konnte also, wie Peters betonte, beim sonntäglichen Bratenessen gestört werden, spätabends oder an Feiertagen. Und nun stellte Tom Peters die Schlüsselfrage: Wie viele Kunden, meinen Sie, haben diese Leute privat angerufen, seit die Firma diese Karten verteilt hat (das war ein Jahr, bevor Peters die Fragen in London stellte; zu diesem Zeitpunkt hatten 17 000 Kunden diese Karte erhalten). Nun, raten Sie mal!

Kein einziger Kunde hat dort angerufen. Tom Peters betonte jedoch, dass die Anzahl der Anrufe bei der kostenfreien 800er-Nummer um 600 Prozent gestiegen war. Er interpretiert das so: Wenn

Sie als Kunde lernen, dass die obersten Firmenchefs ihre privaten Telefonnummern anbieten, dann heißt das: Diese Leute meinen es mit ihrer Aufforderung anzurufen wirklich ernst! Also haben Sie als Kunde das nötige Vertrauen, um es erst einmal bei der normalen Service-Telefonnummer zu probieren. Nach dem Motto: Sollten die nicht spuren, dann kann ich mich ja im Zweifelsfall immer noch an die Bosse wenden …

Das kann sich natürlich nur eine Firma leisten, die den Anrufen ihrer Kunden gerne entgegensieht. Da müssen echte Phone-Power-Profis am Apparat sitzen, sonst schießt man sich das größte Eigentor der Firmengeschichte.

Und Ihre Firma (Abteilung)? Würden Sie es wagen, Ihre Privatnummer zu veröffentlichen, oder müssten Sie dann das Schlimmste befürchten?

20. Kostenlose Werbung

Es gibt eine Werbefläche, die Sie nichts kostet und die doch von den meisten Unternehmern, Geschäftsleuten und Verkäufer/-innen fast nie genutzt wird.

Diese Fläche können Sie vollkommen frei gestalten. Durch Faltung können Sie sogar bis zu vier kostenlose Flächen erhalten.

Diese Werbefläche hat einen unerhört hohen Aufmerksamkeitswert; das heißt, von 100 Personen, die sie zu Gesicht bekommen, werden zirka 95 Personen diese Werbefläche wirklich aufmerksam ansehen (teilweise sogar regelrecht studieren), wenn Sie diese Werbefläche originell und kreativ gestalten (lassen).

Die meisten Geschäftsleute glauben, diese Werbefläche zwar zu kennen, aber da sie sie in der Vergangenheit in der Regel nicht als „Werbefläche" wahrgenommen haben, kennen sie die Wirkung, die sie erzielen kann, eben nicht!

So, jetzt müssten Sie doch sehr neugierig geworden sein. Sitzen Sie gut, denn es steht Ihnen eine Überraschung bevor. Wie nämlich Considine und Raphel in ihrem Buch[32)] betonen, sind Ihre Visitenkarten eine nicht zu unterschätzende „Miniatur-Reklamefläche". Allerdings gilt diese Aussage in der Regel nicht für Ihre Geschäftskarten in ihrer jetzigen Form!

Gestaltungstipps für Ihre Visitenkarte

- **Abbildungen**
  - Ihr Foto, damit man sich mit Sicherheit an Sie erinnert.
  - Ein Bild Ihrer Firma?
  - Ein Bild Ihres Produktes?
  - Ein Bild eines Ihrer Servicefahrzeuge?
- **Text**
  - Programmübersicht als „Schlagzeile" formuliert.
  - Ein „Werbeslogan" Ihrer Firma, etwa: „Wir hören Ihnen wirklich zu!" (Natürlich darf es sich hierbei nicht um leere Versprechungen handeln!)
  - Ein Miniformular nach dem Motto: „Wir haben uns kennen gelernt am/anlässlich ...", welches bei jedem persönlichen Erstkontakt ausgefüllt wird (bzw. welches Sie ausfüllen, wenn Sie Ihre Karte einer Postsendung beilegen).
- **Material**
  - Ein Filmproduzent: Seine „Karte" ist ein Stück Film.
  - Ein Spielkartenhersteller: Seine Karten sind Spielkarten.
  - Papierwarenhersteller: Die Karte steckt in einer Miniaturtüte.

Chefsache

8

lie

„Die Kunst der Mitarbeiterführung besteht darin, die Leute genau dort „abzuholen", wo sie sich gerade befinden, statt sich darüber aufzuregen, wo sie derzeit stehen."

Amerikanischer Managementspruch

1. Führungs-Kraft (?)

Gruppendiskussion aus einem Managementkurs[33)]

Bob: Es ist so schwierig, Mitarbeiter zu motivieren, gute Arbeit zu leisten. Manchmal scheint es, als ob unsere Motivationsprobleme ein Trend des Zeitgeistes seien. Ältere Manager haben mir erzählt, sie hatten in den fünfziger und sechziger Jahren Schwierigkeiten, die ihnen gestellten Aufgaben zu bewältigen; heute jedoch stören die Mitarbeiterprobleme den Produktionsfluss.

Mary: Sie wissen, dass es dafür einen einfachen Grund gibt. Damals hatten wir uns auf Massenproduktion für Massen von Konsumenten konzentriert, während heute der Schwerpunkt in zunehmendem Maße auf individualisierten Produkten für kleine, spezialisierte Konsumentengruppen liegt …

Mike: … und auf hoher Qualität und exzellentem Service.

Mary: Richtig. Der Schwerpunkt hat sich von den materiellen Gütern auf jene verlagert, die sie benutzen.

Mike: Und zu den Menschen, die sie produzieren …

Bob: … oder den Service bereitstellen.

Trainer: Exakt. Wir haben uns von unserem früheren Hauptanliegen, dem Umgang mit materiellen Dingen, wegbewegt hin zu einer menschenorientierten Gesellschaft.

Jim: Deshalb können wir unsere Führungsaufgabe nur erfüllen, wenn wir die Mitarbeiterprobleme lösen.

Bob: Oder wir können auch sagen: Wir führen, indem wir die Mitarbeiterprobleme lösen.

Mary: Mit anderen Worten: Wir müssen tatsächlich werden, was wir seit langem vorgeben zu sein.

Jim: Nämlich?

Mary: Na ja – *Führungs*-Kräfte eben!

Wenn Sie den Begriff „Führungskraft" wörtlich nehmen, eröffnen sich für Sie zwei interessante Aspekte:

- Eine Führungskraft ist tatsächlich eine Kraft! Wer ewig meckert, kritisiert und mit finsterer Miene durch die Firma eilt, hat

  zu wenig freie Energie und

  zieht zudem bei seinen Mitarbeitern wichtige Energien ab!

  Man braucht positive Energie, um andere zu begeistern und mitzureißen! Wer gelernt hat, seine Energien überwiegend positiv einzusetzen (viel loben, aufmuntern, ermutigen und aufmerksam zuhören!), der hat die richtigen Voraussetzungen!

- Führungskraft sein heißt nicht, dass die Mitarbeiter Ihnen nur hinterherlaufen dürfen (nach dem Motto: „Führer – wir folgen dir!"); trotzdem impliziert der Begriff Führen „vorne sein" im Sinne des Konzeptes: Management by Vorbild. So gesehen – sind Sie wirklich eine Führungskraft?

2. Die Führungskraft als Coach?

Es hat sich langsam herumgesprochen, dass die Rolle von Führungskräften sich enorm verändert hat (besser: verändert haben sollte). War ein Boss (eine Chefin) früher jemand, der klare Anweisungen geben sollte, so können wir die Herausforderungen des Informations- und Servicezeitalters heute nur mit Mitarbeitern bewältigen, die aktiv mitdenken. Also ist der alte Vorwurf an Mitarbeiter: „Was zerbrechen Sie sich meinen Kopf?" ein für alle Male passé (und die Führungskräfte, die dies nicht begreifen, werden selbst bald „Vergangenheit" sein)!

Wie aber können wir die Leute dazu bringen, aktiv, intelligent und kreativ mitzudenken? Jedenfalls nicht, indem wir ihnen das „Mitdenken" befehlen!

Der Chef als Coach der Mitarbeiterteams?

Nun geistert seit einigen Jahren die Floskel „der Chef (Chefin) als Coach" herum, aber darüber sollten Sie noch einmal reflektieren:

Ein Coach ist zunächst einmal jemand, der die einzelnen Aufgaben oder Tätigkeiten der jeweiligen Teammitglieder genau kennt (zum Beispiel Fußball) und ihnen hilft, sich gemäß dem Plan in seinem Kopf zu entwickeln.

Coach ist des Weiteren jemand, dessen Aufgabe darin besteht, den Einzelnen zu einer ganz spezifischen Höchstleistung anzuspornen (den Fußballer zum besseren Kicken, den Tennisstar zum besseren Tennisspielen usw.). Dabei ist jedoch keinesfalls vorgesehen, dass ein und derselbe Coach den Fußballstar zum Tennis-As macht! Aber genau das brauchen wir in der Zukunft: Immer mehr Menschen müssen ihre ursprüngliche Beschäftigung aufgrund sich ständig verändernder Umstände ent-lernen und Neues angehen (Stichwort: lebenslanges Lernen!). Daher lohnt es sich, nach einer anderen Metapher für die Führungskraft zu suchen, welche die Veränderungen der Umwelt mit einbezieht.

Eine solche Metapher schlägt Vera F. Birkenbihl vor: Der Manager (die Managerin) als „Menschengärtner".[34)]

3. Die „Menschengärtner" der Zukunft

Die vorrangige Aufgabe des „Menschengärtners" besteht darin, Wachstum und Entfaltung der anvertrauten Mitarbeiter/-innen zu fördern.

Um diese Aufgabe zu erfüllen, muss er sich jeder „Pflanze" so vorurteilslos wie möglich nähern, damit sie sich optimal entwickeln und zu ihrer Höchstform gelangen kann.

Des Weiteren muss der Menschengärtner für Sonne sorgen (beispielsweise in Form von Vertrauen und Anerkennung), und er muss jedem seiner „Sprösslinge" den nötigen Freiraum gewähren, damit sie sich optimal entfalten können. Dazu gehören

- menschliche Reife,
- aufrichtiges Interesse an den Ihnen anvertrauten Menschen,
- innere Begeisterung, um die Leute mitzureißen, und
- die Fähigkeit, selbst weiter zu wachsen (lernen), damit auch im Team lebendige Entwicklungen möglich sind!

Es macht viel mehr Freude, Menschen dabei zu helfen, sich optimal zu entfalten, als ständig zwanghaft an diesen herummeckern zu „müssen". Die Menschen sind so fähig, wie wir sie sein lassen. (Erinnern Sie sich hier noch einmal an den „Pygmalioneffekt", Seite 106; dieser Effekt hat sich zuerst bei Lehrern und Schülern sowie bei Führungskräften gezeigt, ehe man begriff, dass er allgemein gilt und sich also auch auf Verkäufer und Kunden übertragen lässt.)

Erfolgs-Tipp:

Wenn wir Kunden als „respektierte Könige" und unsere Mitarbeiter als „Kunden" sähen, deren Dienstleister („Menschengärtner") wir sind, dann könnten wir mit unserem Team Berge versetzen.

4. Mitarbeiter fördern/fordern?

Kennen Sie den Chef, der einem neuen Mitarbeiter erst lang und breit erklärte, wie viel Eigeninitiative er von ihm erwarte, und der dann stocksauer reagierte, als der junge Mann, der zuvor mehrfach ernsthaft mit dem Kopf genickt hatte, plötzlich meinte: „Sehr wohl, Chef. Soll ich Ihre mit Spaghettisauce bekleckerte Krawatte gleich in die Reinigung schicken?"

Es gibt zu viele Chefs, die von ihren Mitarbeitern bestimmte Verhaltensweisen fordern, etwa Zuverlässigkeit, Kreativität oder „mehr Initiative", insbesondere, wenn sie (zum Beispiel auf Seminaren) über ihre Mitarbeiter reden; Tatsache aber ist, dass ihr eigenes Verhalten als Führungskraft ihre Mitarbeiter weit mehr beeinflusst als ihre Worte.

Wichtig: Sie sollten gut überlegen, ob Sie nicht regelmäßig bestimmte Forderungen aufstellen, die Ihr eigenes Verhalten Lüge straft.

Die Amerikaner bringen es mal wieder wunderschön auf den Punkt, wenn sie sagen: „Deine Taten sind so laut, dass ich deine Worte nicht hören kann!" Also überprüfen Sie bei Gelegenheit:

- Welche Forderungen stellen Sie häufig?
- Welche müssen Sie immer wieder stellen?
- Welche dieser Forderungen leben Sie selbst wirklich so vor, wie Sie es sich von Ihren Mitarbeitern auch wünschen?

Wetten, dass Sie mit den Forderungen des letzten Punktes im Alltag keine Probleme haben? An „Managen durch Vorbild" führt kein Weg vorbei, da nutzen Lippenbekenntnisse gar nichts.

Wer stets das lebt, was er „predigt", bekommt zwangsläufig hoch motivierte Mitarbeiter, die gerne arbeiten. Das ist wahre Mitarbeiterförderung.

Wichtig: Jede Führungskraft hat genau die Mitarbeiter, die sie verdient!

5. Stichwort: Weiterbildung

Für Unternehmer und Topmanager war Weiterbildung jahrzehntelang ein unbequemes Thema. Galt hier doch allzu lang die Denke: Man kann nur beurteilen, was man kennt. Deutsche Manager wollen im Zweifelsfall lieber schulen „lassen", während sie selbst relativ seminarfaul sind (etwa im Vergleich zu ihren amerikanischen und japanischen Kollegen). Sollen sich doch die anderen ändern: Die Verkäufer sollen effizienter verhandeln, der Innendienst soll effizienter planen usw. Wenn Manager selber zu einem Seminar gehen, dann am liebsten zu „unverfänglichen" Themen (Zeitmanagement, Kreativitätstechniken), die in dem Ruf stehen, aus kompetenten Leuten noch professionellere zu machen.

Jede Firma fördert die Weiterbildungsmaßnahmen, die das Topmanagement zulässt. Eine wirklich flexible, lernbereite Führung sorgt dabei für qualitativ hochstehende Weiterbildung.

Seminarauswahl ist Chefsache

- Wenn Sie als Chef (am besten noch vor Ihren Mitarbeitern) an einem Weiterbildungsseminar teilnehmen und wenn Sie als Vorbild tatsächlich beweisen, dass auch Sie lernfähig sind, dann – und nur dann – haben Seminare für Ihre Leute Sinn.
- Nur wer diesen Weg geht, ist in der Lage, gute von schlechten Seminaren zu unterscheiden und geeignete weiterzuempfehlen.
- In dem Maß, in dem qualifizierte Entscheider in den Firmen zu einer intelligenten Seminarauswahl fähig sind, wird die Auslese unter den Schulungsanbietern besser.

So sorgt der evolutionäre Druck im Markt dafür, dass nur die besten Anbieter sich bewähren können, und davon profitieren wir alle!

Welcher Chef erwartet nicht regelmäßig von den Mitarbeitern, dass sie sich in irgendeinem Punkt ändern sollen: In den häufigsten Fällen sollen sie besser, effizienter, aufmerksamer, höflicher oder pünktlicher werden.

Und die Chefs? Ändern die sich auch? Selten! Vorschlag: Nehmen Sie sich selbst ein kleines Trainingsprogramm vor, zum Beispiel, dass Sie jeden Tag einmal einer Person Ihres Teams eine positive Streicheleinheit gönnen.

Und jetzt bemühen Sie sich darum, dies auch zuverlässig zu tun. Dabei gewinnen Sie doppelt:

- Je besser es Ihnen gelingt, desto zufriedener sind Sie mit sich selbst. Das strahlt aus. Außerdem spüren die Leute, ob man an sich arbeitet oder nicht. So motivieren Sie durch Ihr positives Vorbild.
- Wenn es Ihnen ab und zu passiert, dass Sie Ihr Ziel heute nicht erreicht haben, dann wächst Ihr Verständnis für Mitarbeiter, denen es auch nicht immer gelingt, ihre guten Vorsätze zu realisieren. Es wird immer wieder mal „menscheln“, egal, wie sehr man sich bemüht.

Damit werden Sie zu einer Vorbildfigur, die einerseits durch hohe Ansprüche und Eigenleistung mitreißt, die aber andererseits auch nicht dauernd Perfektion erwartet.

Wichtig: Wer nicht bereit ist, so ein Minimalprogramm durchzuziehen, sollte sich ernstlich fragen, mit welchem Recht er von anderen erwartet, dass sie sich tagtäglich an gewisse Abmachungen halten oder gar ihr Verhalten ändern.

6. Lernen: Wie lernfähig sind Sie?

Lernen heißt, sich zu entfalten: geistig, körperlich, seelisch.

Übung: Lernen – Ihre Assoziationen

Haben Sie Lust, eine kleine Seminarübung durchzuführen? Sie brauchen einen Stift: Bitte notieren Sie schnell und spontan Ihre ersten Assoziationen zum Wort „Lernen".

....

....

....

....

....

Haben Sie zumindest kurz nachgedacht, ehe Sie weiterlesen?

Die ersten Assoziationen der meisten Seminarteilnehmer zeigen, dass „Lernen" in der Regel mit den folgenden Begriffen assoziiert wird: Bücher, Lesen, Schule, Prüfungen, Langeweile, Frust ... Das ist sehr traurig, denn: Lernen findet weder in Büchern noch in Schulen statt!

Lernen ist die angeborene Fähigkeit, mit Wandel und Veränderung fertig zu werden. Alle angeborenen Fähigkeiten, die das Überleben absichern, sind erst einmal mit Lust verbunden. Dies gilt zunächst auch für das Lernen. Beobachten Sie die Neugierde von Kindern, die ausgesprochene Lernlust! Wenn Kinder so lernfaul wären wie die meisten Erwachsenen, wäre der Mensch schon lange ausgestorben.

Wichtig: Lernen impliziert Interesse und Neugierde (= die Fähigkeit, sich faszinieren zu lassen). Werden diese Voraussetzungen erfüllt, kann Lernen durch Bücher oder in Institutionen (oder Kursen) stattfinden. Aber es ist nicht das Buch oder die Schule, die den Lernprozess ermöglicht. Es ist der Geist des Lernenden, der sich angesprochen fühlen muss.

Lernen ist immer Wachstum

Ob Sie die Idee eines Freundes aufgreifen, der seine Eiswürfel in Plastikbeuteln im Eisfach hält, so dass er jederzeit einzelne Eiswürfel hat, ohne jedesmal einen Eisbehälter aufbrechen zu müssen, oder ob Sie lernen, wie man die notorischen Nörgler schnell und effizient zum Schweigen bringt: Jedesmal, wenn eine Idee Ihren bisherigen Horizont erweitert, haben Sie sie theoretisch gelernt. Erst wenn Sie die Idee aufgreifen und sie in Ihr tägliches Leben integrieren, haben Sie auch praktische Konsequenzen aus dieser Lehre gezogen.

7. „Docendo discimus!“

Wir lernen wir am besten? Indem Sie es anderen erklären. Diese Erfahrung ist nicht neu. Schon die alten Römer prägten den Spruch: „Docendo discimus.“ (Lehrend lernen wir.) Wenn Sie (oder Ihre Mitarbeiter) also mal wieder etwas Neues lernen müssen (zum Beispiel Ihr Fachwissen erweitern), dann „spielen Sie einfach einmal Unterricht“, wobei diejenigen, die ein neues Wissensgebiet erarbeitet haben, es einem Partner oder einer Gruppe erklären.

Dabei stellt man immer wieder überrascht fest, dass man so manches, was man bereits ganz genau zu wissen glaubte, noch nicht „rüberbringen“ kann.

Der Grund ist einfach: Neues Wissen wird zunächst als „passives Wissen“ eingeordnet; das heißt, man wird es wieder erkennen (verstehen), wenn einem das Thema wieder begegnet. Erst durch aktives In-Worte-fassen jedoch wird dieses Wissen „aktivem Wissen“ überführt.

Deshalb geschieht es so häufig, dass wir neue Informationen, die wir beispielsweise durch ein Firmenmemo erhalten haben, lesen und begreifen, häufig aber trotzdem ins Stolpern geraten, wenn wir das Neue einem Kunden (oder neuen Mitarbeiter) erklären wollen.

Ist es nicht besser, neu erworbenes Wissen oder Fähigkeiten mit Kollegen (Freunden) zu üben, als den Kunden zum Versuchskaninchen zu machen? Hat der Kunde nicht ein Recht darauf, dass wir ihm professionell begegnen? Und gehört dazu nicht auch, dass wir ihm neue Infos sauber präsentieren können? (Vergleiche auch das Stichwort: Steine im Fluss, Seite 86.)

8. Mitarbeiter entmachten heißt, ihre Motivation zu töten

Tom Peters schreibt so dicke Bücher, dass viele deutsche Führungskräfte allein schon von ihrem Ausmaß abgeschreckt werden. Wenn Sie jedoch bedenken, dass diese Bücher über Kapitel hinweg mit Fallbeispielen angefüllt sind und dass solche Beispiele uns mehr über Führungspraxis lehren können als rein theoretische Erörterungen, dann sollten wir aus dieser „Fundgrube“ schöpfen! Denn nach Tom Peters streiten wir „seit 150 Jahren … auf der Basis entgegengesetzter Annahmen über Spezialisierung, Machtverhältnisse, Steigerung von Fertigkeiten und das Ergreifen von Initiativen – sowie über den Arbeitswillen der Leute.“

Die folgende Fallstudie untermauert Tom Peters’ Aussage, dass die Menschen nicht a priori demotiviert sind, sondern dass sie durch engstirnige Managementpolitik dazu gemacht werden. Wenn Sie sich mit dem hier beschriebenen Direktor (siehe Seite 147) identifizieren, dann können Sie seine Gefühle von Zorn, Scham und Hilflosigkeit sicher leicht nachvollziehen:

Eine Fallstudie

Der europäische Direktor eines führenden amerikanischen Autoherstellers lebte in einer europäischen Kleinstadt. Dort beschäftigte er dreitausend Arbeitnehmer, was ihn zum größten Arbeitgeber dieser Stadt machte.

Eines Tages wurde er dringend gebeten, Musikinstrumente für ein Schulorchester in der Gemeinde zu spenden. Die Kosten dafür hätten sich auf ein paar hundert Dollar belaufen. Für unseren Direktor kein Problem? Denken Sie! Er musste erst in Detroit um die Genehmigung der Spende anfragen, und dieser Bescheid nahm Wochen in Anspruch.

Er konnte also nicht auf der Stelle ja sagen.

Was, glauben Sie, was dieses peinliche Zögern für sein privates und öffentliches Selbstbild bewirkte?

Können Sie das Gefühl der Ohnmacht gegenüber seinen Kollegen, seinen Mitarbeitern und gegenüber der Gemeinde, in der er – als größter Arbeitgeber – lebte, nachvollziehen?

Und jetzt fragen Sie sich bitte:

Welchen Entscheidungsspielraum haben *Ihre* Mitarbeiter?

Wie schnell und flexibel können Ihre Leute etwa einem Kunden, der reklamiert, helfen? (Oder müssen sie erst jeden Vorgang über die Schreibtische des Innendienstes schleifen, weil sie zu wenig Kompetenz vor Ort besitzen?)

9. Die Schere zwischen Sprechen und Handeln

Michael LeBoef, Professor für Management an der Universität von New Orleans,[35)] warnt vor der großen „Schere" zwischen Absichtserklärung und betrieblichem Alltag. Seine Grundthese lautet:

Die Menschen tun immer nur genau das, wofür Sie tagtäglich „belohnt" werden.

Was nützt das Lippenbekenntnis „Wir wollen Einsparungen vornehmen", wenn jedem Abteilungsleiter, der dieses Jahr mit weniger Geld ausgekommen ist, im nächsten Jahr der Etat gekürzt wird?

Was nützt das Lippenbekenntnis „Wir brauchen effiziente Macher", wenn mit stoischer Regelmäßigkeit diejenigen „belohnt" werden, die andauernd ellenlange Analysen, Memos und Berichte im Betrieb herumschicken?

Deshalb: Überlegen Sie sich sehr genau, ob Sie das, was Sie verlauten lassen, auch wirklich wünschen.

Michael LeBoef[36)] schildert einen hochinteressanten Fall, der uns sehr nachdenklich machen sollte:

Ein Radiosender warb einmal einen Ansager von einer Konkurrenzstation ab. Er sollte Werbespots schreiben und produzieren. Brad gehörte zu den Spitzenkräften der Stadt, und es kostete viel Geld, ihn zu bekommen. Unglücklicherweise stellte er an seinem neuen Arbeitsplatz fest, dass seine kreativen Fähigkeiten erheblich eingeschränkt wurden. Der Programmdirektor bestand darauf, Brads (Texte) umzuschreiben und zu korrigieren (...).

Am Ende war Brad keine kreative Kraft mehr. Er bekam das Gefühl, dass seine neuen Ideen vergeudet seien, und entschwand schon bald wieder (zu einem Arbeitgeber, der ihn frei und motiviert arbeiten ließ).

Dieser Fall ist vor allem deshalb so spannend, weil der Programmdirektor diesen besonders begabten, kreativen Mitarbeiter von der Konkurrenz weggelockt hatte. Also müsste man doch eigentlich annehmen können, er wollte die besonderen Fähigkeiten dieses Ansagers nutzen. Trotzdem sabotierte er diesen Mitarbeiter. Warum? Weil er im tiefsten Inneren keine selbstständig denkenden und arbeitenden Mitarbeiter um sich haben wollte. Ebendeshalb weise ich wiederholt darauf hin, wie gefährlich die Schere zwischen Lippenbekenntnis und täglichem Handeln sein kann!

10. Auslandsaufenthalte?

In der Diskussion um ein gemeinsames oder grenzenlos „vereinigtes" Europa glänzt ein immens wichtiges Thema fast nur durch Auslassung: die innereuropäische Mobilität! Zur Europa-Idee müsste auch die Vorstellung gehören, dass jeder EU-Bürger leben und arbeiten kann, wo er will. Nun aber, da dies möglich ist, zeigt sich: Die Deutschen wollen gar nicht!

Firmen beklagen die mangelnde Bereitschaft zur Mobilität ihrer Mitarbeiter. Aber schon die jungen Leute wollen nicht: Universitäten beklagen das mangelnde Interesse an Studentenaustauschprogrammen; ja sogar Schüler suchen kaum Kontakt zu anderen Europäern, ein Symptom für die mangelnde Flexibilität – kein Wunder bei den „verschlossenen" Ideen der Eltern und Lehrer, die sie prägten ...

Dabei birgt der Sprung über die Grenze eine Reihe von Vorteilen; hier einige Beispiele:

Reisen bildet

Natürlich nicht, wenn man nur in internationalen Hotelketten herumsitzt und auf deutsche Küche schwört, sondern wirklich Land und vor allem Leute kennen lernt. Dann helfen ausgedehnte Aufenthalte, unseren geistig-seelischen Horizont zu erweitern.

Internationale Firmenaktivitäten nehmen zu

Innerhalb unseres „kleinen" Europa (das weit kleiner als Russland ist) sowie weltweit internationalisieren Unternehmen sich immer stärker. Firmeninterne und Freiberufler werden händeringend gesucht. Wer heute aufwacht und Pläne schmiedet, die er morgen in die Tat umsetzt, wird übermorgen fein heraus sein!

Planetarier, vereinigt euch!

Sie wissen, dass dieser Planet durch uns Menschen ernsthaft gefährdet ist. Wie wollen wir denn je ein Gefühl als „Erdenbewohner" entwickeln, wenn uns „Europa" schon zwei Schuhnummern zu groß ist? Wir können nicht mehr drei bis vier Generationen warten, bis der Globalisierungseffekt (beispielsweise durch Satellitenfernsehen oder globale Computernetzwerke unterstützt) greifen wird. Ein Mensch, der eine Zeit lang im Ausland gelebt hat (vielleicht sogar mit seiner Familie), wird danach nie mehr die engstirnigen nationalen Scheuklappen anlegen, mit denen er vielleicht aufgewachsen war.

Angst vor dem Sprachenlernen?

Sie meinen, Sie hätten womöglich kein Sprachentalent? Nun, wie meine Kollegin*) immer sagt: Glauben Sie wirklich, der liebe Gott habe alle Leute mit Sprachentalent in die Beneluxländer geschickt? Na also! Mit der richtigen Methode kann jeder in fremden Sprachen das lernen, was er in seiner Muttersprache kann. Das heißt, wer schon auf deutsch ungern liest, wird auch in anderen Sprachen nicht gern, geschweige denn gut lesen. Aber wer sich in seiner Muttersprache frei äußern kann, kann das auch „polyglott"!

---

*) Vera F. Birkenbihl hat übrigens eine gehirngerechte Technik, Sprachen zu lernen, entwickelt (Regel Nr. 1: Vokabellernen verboten!). Inzwischen gibt es Sprachkurse nach ihrer Methode bei mehreren Verlagen. Am leichtesten können Sie sich direkt an der Quelle informieren: Vera F. Birkenbihl, Bergstraße 24 B, 85235 Odelzhausen.

11. Weltbürger (Eurobürger)?

Auch wenn Sie Ihre Produkte oder Dienstleistungen gar nicht im „Binnenmarkt Europa" anbieten wollen, werden Sie in Zukunft häufiger mit europäischen Geschäftspartnern zu tun haben. Solchen, die nach Deutschland kommen, um hier Kontakte aufzunehmen, und solchen, die sich hier bereits etabliert haben. Daher sollte man wissen, wie man uns Deutsche in Europa sieht:

- Positive Eigenschaften: fleißig, professionell, zuverlässig, kompetent.
- Negative Eigenschaften: rechthaberisch, stur und relativ unhöflich.

Briten etwa stellen weit mehr Fragen als wir, statt sofort mit Behauptungen zu reagieren. Franzosen sind liebenswürdiger, und unsere südlichen Nachbarn sind lebenslustiger als wir …

Deutsche sind williger, Fremdsprachen zu lernen als manche Europäer. Lernen wir jedoch eine Sprache, tun wir dies mit dem uns eigenen Perfektionismus, was dazu führt, dass wir panische Angst vor Fehlern haben, statt zu begreifen, dass Sprache ein Kommunikationsmedium ist und dass das eigentliche Ziel darin besteht, sich zu verständigen, nicht „gute Noten" zu holen.

Große Unterschiede gibt es auch in der Körpersprache:[37)] So nimmt der Abstand, den die Menschen etwa in einem persönlichen Gespräch wahren, in südlicher Richtung ab: Deutsche sind also im wahrsten Sinn des Wortes *distanzierter* als Italiener oder Portugiesen!

Oder wenn Sie „mit den Fingern zählen", dann beginnen wir mit dem Daumen (1) und dem Zeigefinger (2), während viele Europäer (wie übrigens auch die Amerikaner) mit dem Zeigefinger (1) beginnen:

Europa:

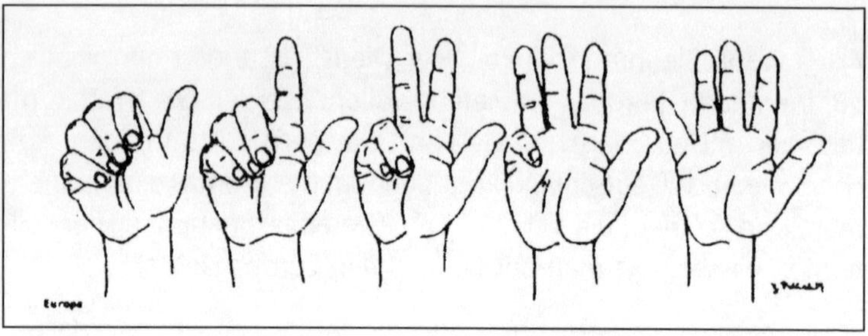

USA:

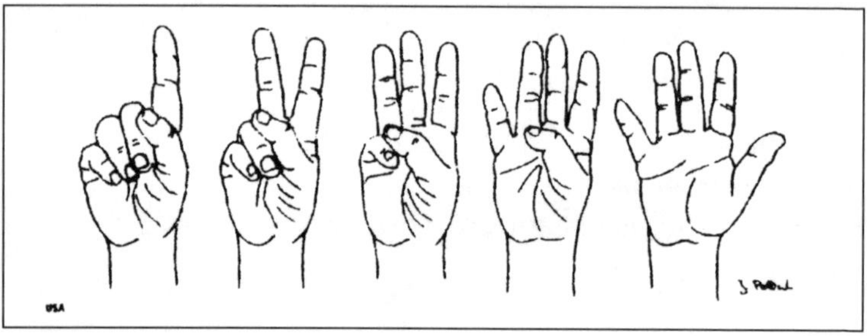

Quelle: Vera F. Birkenbihl, Signale des Körpers. München

Die Reihenfolge lautet hier beispielsweise:

1 = Zeigefinger

2 = Mittelfinger

3 = Ringfinger

4 = kleiner Finger

5 = offene Hand inklusive ausgestrecktem Daumen

Wer sich für andere Europäer interessiert, wird faszinierende Entdeckungen machen – nicht zuletzt auch über den eigenen (National-)Charakter. Es lohnt sich also, europatauglich zu werden! (Vergleichen Sie hierzu bitte auch das Stichwort „Auslandsaufenthalt" im vorherigen Kapitel.)

Moderation von Meetings: Erste „Pannenhilfe"

9

„Mitarbeiter, die wirklich innerlich beteiligt sind, bringen alles zuwege!"

Tom Peters

1. Meetings optimieren

In vielen Meetings können wir die Tendenz, Mitarbeiter zu entmachten, beobachten. Die folgenden beiden strategischen Fehler führen zu enormen Zeitverlusten bei geschäftlichen Besprechungen:

- Die Teilnehmer wissen vorher nicht, was auf sie zukommen wird. Also werden sie, wenn das Thema bekannt gegeben wird, erst ausgiebig „schwafeln", um Zeit zum Nachdenken zu gewinnen.

Optimal: Ist das Thema vorher bekannt, können die Teilnehmer vorausdenken (und sich dementsprechend vorbereiten).

Aber selbst Chefs, die die Themen vorher bekannt geben, machen oft den zweiten Fehler:

- Sie formulieren das Thema in einer Weise, dass ihre eigenen (erhofften) Ziele bereits mitschwingen. Dies löst entweder unbeteiligte Kopfnickerreaktionen aus (so machen wir aus potenziell kreativen Leuten Pseudo-Jasager). Oder es kann das Gegenteil eintreten: Die Mitarbeiter führen aggressive Diskussionen, wenn sie sich ärgern, dass die Führungskraft nur vorgibt, ihre Meinung hören zu wollen.

Daraus folgt:

- Themen vorher bekannt geben!
- Themen so neutral formulieren, dass jeder (relativ) objektiv darüber nachdenken und seine Meinung auch offen artikulieren kann.

- Wenn Sie nicht bereit sind, offene, ehrliche Diskussionen über bestimmte Fragen zu führen, dann stellen Sie diese Themen erst gar nicht zur Debatte!

In diesem Fall sollten Sie ehrlicherweise gleich klare Direktiven geben; dann weiß jeder, woran er ist. Allerdings dürfen Sie dann auch nicht darauf hoffen, dass sich Ihre Mitarbeiter motiviert aufs Pferd schwingen, um die Sache voranzutreiben; denn Sie haben nichts getan, um die Menschen innerlich zu beteiligen.

2. Häufige Verfahrensfragen?

Wenn wir zu wenig über Gruppendynamik wissen, müssen wir es immer wieder erleben, dass die Gruppe uns ein wichtiges Thema „zerredet"!

Das ist in den meisten Fällen ein deutliches Zeichen dafür, dass die Gruppe interne Schwierigkeiten hat. Deshalb arbeiten die Mitglieder nicht kooperativ miteinander, sondern „kämpfen" vielmehr um ihre Statusansprüche!

Dies resultiert immer in Verfahrensfragen. Wenn Ihr Team also regelmäßig endlose Debatten über Verfahrensfragen führt, dann „vermasseln" Ihre Leute Ihnen regelmäßig „die Tour", so dass Ihre wichtigen Anliegen diesen Grabenkämpfen zum Opfer fallen.

Bei Statuskämpfen geht es ja nicht um die Sache, das eigentliche Thema wird hier nur als „Verpackung" für gruppendynamische Prozesse verwendet.

Durch die folgende Strategie der Managementtrainerin Vera F. Birkenbihl vermeiden Sie solche Debatten. Sie beginnen die Konferenz nämlich mit einer so genannten „strategischen Verfahrensfrage".[38]

Die „strategische" Verfahrensfrage

- Beginnen Sie das Meeting mit einer Verfahrensfrage, deren Ergebnis für Sie persönlich egal ist (wenn Sie ein toleranter Nichtraucher sind, könnte die Frage lauten: „Wollen wir rauchen?").
- Mischen Sie sich in das folgende Gespräch keinesfalls ein; die Gruppe muss (für heute!) die Hackordnung selbst „ausfechten"!
- Beobachten und lauschen Sie exakt! Hier lernen Sie, wer von den Beteiligten von den anderen Teilnehmern in welchem Maße akzeptiert oder „untergebuttert" wird. Das müssen Sie als Chef/-in wissen.
- Erst wenn dieses (für Sie unwichtige) Thema „vom Tisch" ist, kommen Sie zu Ihrem eigentlichen Anliegen.

Da jetzt die gruppendynamischen „Fronten geklärt" wurden (für heute!), wird das Team das eigentliche Hauptthema inhaltlich angehen und es nicht als „Kampfplatz" missbrauchen.

Je offener und entspannter sich die Atmosphäre in Ihrer Abteilung gestaltet, desto weniger gruppendynamische Probleme werden Sie haben. Anders ausgedrückt:

Wenn alle Mitarbeiter/-innen das Gefühl haben, als wertgeschätzte Individuen zum Erfolg aller beizutragen, dann gibt es kaum Statuskämpfe im eigenen Team.

So gesehen, können Sie die Anzahl unnötiger Verfahrensdebatten auch als Gradmesser Ihrer Kompetenz als Führungskraft einstufen.

3. Gruppendiskussionen

Unabhängig von gruppendynamischen Prozessen gibt es einen interessanten Aspekt, der die Meinungen von Diskussionsteilnehmern enorm verändern kann: Es geht um Assoziationen!

In dem Augenblick, in dem irgendein Gedanke von A geäußert wird, beeinflusst dieser den Gedankenfluss von B, C, D und E.

Auf diese Weise kann man hinterher natürlich nie wissen, was die Gruppenmitglieder „wirklich" gedacht hätten, wenn sie nicht beeinflusst worden wären.

Wenn Sie ein Meeting abhalten wollen und wenn Sie einerseits diesen Assoziationseffekt kreativ nützen möchten, während Sie andererseits auch erfahren wollen, was Ihre Leute „wirklich" denken, verfahren Sie wie folgt:

- Schreiben Sie ein Memo, in welchem Sie das Problem sauber, präzise und vor allem neutral darstellen.
- Bitten Sie jedes Gruppenmitglied einzeln, Ihnen hierzu eine kurze schriftliche Stellungnahme zu geben.
- Erst wenn alle Meinungen vorliegen, berufen Sie ein Meeting in dieser Sache ein.
- Jetzt haben Sie zwei Möglichkeiten:

  Sie stellen die zuvor gesammelten Meinungen kurz vor (jeweils ohne zu sagen, von wem sie stammen) und bitten um Reaktionen aus dem Kreise.

  Sie eröffnen die Debatte und lassen sie ihren Lauf nehmen.

Vorteile assoziativer Vorbereitung

Aus diesem Vorgehen entstehen Ihnen drei Vorteile:

- Sie erfahren, was jedes Mitglied Ihres Teams (unbeeinflusst von den Assoziationen der anderen) wirklich gedacht hat.
- Falls die Gruppengespräche zu einem wilden Durcheinander oder sogar zu einer Impasse führen, können Sie im Zweifelsfall immer zu diesen Grundlagen zurückkehren, um einen Neuanfang zu machen.
- Die einzelnen Gruppenmitglieder waren schon vor der Konferenz gezwungen, das Problem ernsthaft zu durchdenken. Dieses Procedere verhindert spontanes Geschwätz ohne Tiefgang.

Zum letzten Punkt: Je weniger die Teilnehmer über die anstehenden Themen wissen, desto länger wird das Meeting dauern, weil sich ja alle Teilnehmer zu diesem Punkt jetzt erst „erste" Gedanken machen können.

Die Zeit aller Teilnehmer wird gleichzeitig vergeudet. Hätten die Mitglieder vorher in Ruhe reflektieren können, dann hätte jeder Einzelne separat nachgedacht, so dass sogar zum Teil der Weg von und zur Arbeit und andere Zeiten zur Reflexion mitgenutzt worden wären. Außerdem denkt man allein gezielter und konzentrierter über ein Problem nach als in einer Gruppe, in der vielleicht ein gereiztes Klima herrscht.

Ausnahme: Sie wollen in einer Art „Brainstorming" einen kreativen Prozess stimulieren, bei dem vorher niemand weiß, was am Ende herauskommen wird.

4. Der „Fünfer-Dialog"

Wenn wir die Idee vom Informations- und Kommunikationszeitalter ernst nehmen und wenn wir grundsätzlich bejahen, dass unsere Mitarbeiter Möglichkeiten für Gespräche untereinander suchen, dann erhebt sich die Frage, wie man einen geeigneten organisatorischen Rahmen schaffen kann. Eine Möglichkeit bildet der so genannte „Fünfer-Dialog",[39] den die Unternehmensberatung Ewald Kock & Partner für ihre Kunden entwickelt hat. Der „Fünfer-Dialog" beschreibt das Konzept kleiner Diskussionsrunden im Betrieb (in der Regel fünf Personen), die sich regelmäßig (optimal: täglich) treffen. Die Meetings müssen dabei nie lange dauern (so um die zehn Minuten).

Die Tatsache, dass man jeden Tag über Probleme sprechen kann, bedeutet:

- Niemand bleibt „ewig" auf bestimmten „Problemen sitzen", weil neu auftauchende Schwierigkeiten spätestens schon morgen zur Sprache gebracht werden können.
- Auch wenn die Mitarbeiter/-innen anfangs dazu neigen werden, hauptsächlich angestauten Frust loszuwerden, so dass die ersten Meetings durchaus zu Meckertreffen ausarten können, verliert sich diese Tendenz bald von allein. Merke: Die Tatsache, dass zuerst „Luft abgelassen werden muss", zeigt, dass angestaute Energie das System Firma auf weit konstruktivere Weise verlässt als früher (in typischen Gesprächen auf Gängen und in Waschräumen).
- Da man in den regelmäßigen Kurzmeetings abwechselnd die Rolle des Moderators spielt, übernimmt man mehr Verantwortung als in losen Zusammenkünften.

Voraussetzung für das Gelingen ist natürlich, dass konstruktive (Verbesserungs-)Vorschläge der Fünfer-Teams auch „nach oben" dringen können. Sie werden erstaunt sein, wie intelligent Ihre Leute über die Tagesprobleme nachdenken, wenn man sie lässt!

Vorbildliche Teamkommunikation

Hier nur drei Beispiele für Fünfer-Gruppen, die sich hervorragend bewährt haben:

- Ist eine Abteilung zu groß, als dass alle regelmäßig sinnvoll miteinander sprechen können, sind Fünfer-Teams effektiv, unter der Voraussetzung, dass je ein Mitglied dieser Fünfer-Gruppe sich mit den „Vertretern" der anderen Fünfer-Teams kurzschließt (die Meta-Fünfer-Gruppe), damit ein ständiger Informationsfluss gewährleistet wird.
- Fünfer-Gruppen von Menschen, die normalerweise gar nicht oder nur sporadisch einzeln miteinander reden. Zum Beispiel könnte ein Fünfer-Team aus je einer Person von folgenden Abteilungen bestehen:

  Außendienst,

  Versand,

  Rechnungs- und Mahnwesen,

  Bestellaufnahme und

  Auftragsbearbeitung.
- Post-Seminar-Erfahrungsaustausch: Wenn alle Teilnehmer an einem Seminar hinterher in Fünfer-Gruppen die Inhalte Punkt für Punkt aufgreifen, besteht eine faire Chance, dass die „Theorie" wirklich umgesetzt werden kann.

Die Gesprächszeiten solcher Gruppen sind niemals „vergeudet". Die Erfahrung hat gezeigt, dass in den anderen Zeiten umso intensiver gearbeitet wird, weil die Teilnehmer das in der Gruppe Besprochene umsetzen wollen, um morgen darüber zu berichten.

Außerdem gilt: Je aktiver Sie Ihre Mitarbeiter/-innen an den Prozessen teilhaben lassen, desto „involvierter“ sind sie.

Also beginnen sie, die täglichen Angelegenheiten als „ihre“ zu empfinden, das Verantwortungsbewusstsein erhöht sich. Dies aber ist die Grundlage dafür, dass „der Job“ zum *Beruf* wird. Nur so können persönliche Höchstleistungen erreicht werden, die allen viel Freude machen und die, nebenbei bemerkt, ebenfalls die Grundlage für Ihren persönlichen weiteren Erfolg darstellen!

5. Das Proportionalgesetz

Gruppen neigen dazu, wichtige Themen in Minuten abzuhaken, während sie über Kleinigkeiten tage- und wochenlang debattieren können.

So brauchte beispielsweise ein Gremium sechs Wochen, um zu entscheiden, ob die Innendienstleute den Fahrradständer vor dem Gebäude der Zentrale verlängern durften oder nicht. Dasselbe Gremium musste fast ein halbes Jahr darüber nachdenken, ob die Fassade des Stammhauses neu gestrichen werden sollte, aber es war fähig, in zwölf Minuten zu beschließen, die Spesen des Außendienstes um Pfennigbeträge zu kürzen. Ich habe dieses Beispiel 1976 erlebt: 271 Außendienstler, die ohne Provision arbeiteten und oft unbezahlte Überstunden gemacht hatten, waren so sauer, dass sie fortan nur noch „Dienst nach Vorschrift“ zu machen bereit waren. Es kostete die Firma langfristig ein Vielfaches von dem, was sie einzusparen glaubte.

Die Regel von der umgekehrten Proportion lautet daher: Je wichtiger die Entscheidung, desto schneller fällt sie. Das veranlasste Norman R. Augustine in seinem amüsant-gescheiten Buch *Augustines Erkenntnisse*,[40)] das folgende Gesetz zu formulieren: Der optimale Ausschuss hat keine Mitglieder.

Er stellt fest, dass jeder sich als Experte für Details sieht (geht es etwa um den Teppichboden in der Cafeteria – wird jeder zum Teppich- oder Einrichtungsexperten) gegenüber „großen" Entscheidungen, bei denen viele Kriterien berücksichtigt und gewichtet werden müssten. Ist dies schon schwierig für ein Individuum, ist es fast unmöglich für eine Gruppe. Deshalb: Vermeiden Sie – wenn irgend möglich – Gruppenentscheidungen!

Übrigens, das erinnert mich an eine Scherzfrage: „Warum sind die meisten administrativen Gebäude von Regierungen und großen Firmen in der Regel von Grasflächen umgeben?" – Damit man es nicht hören kann, wenn das Geld mit vollen Händen zum Fenster hinausgeworfen wird.

6. Mr. Immerspät kommt zur Konferenz

Erfahrungswert: Es ist immer derselbe, der regelmäßig zu spät zum Meeting kommt …

Hierbei sollte man sich vergegenwärtigen: Die Gruppenmitglieder sind in der Regel auf diese Person genauso „sauer" wie Sie selbst.

Daher bietet es sich an, das Problem von der Gruppe lösen zu lassen, denn der Gruppendruck ist weit heilsamer als jeder Motivationsversuch vonseiten des Gruppenleiters (oder der Gruppenleiterin):

Schlagen Sie vor, dass Ihre Leute sich eine „Masche" zur Sanktionierung des chronischen Nachzüglers (siehe unten) ausdenken!

„Strafmaßnahmen" von hierarchisch Gleichgestellten werden vom Betroffenen mit Sicherheit anders gewertet (Gruppendruck) als „Strafen" von oben.

Humor: Strategie gegen Nachzügler

Warum es nicht mal mit Humor versuchen, wenn in der Vergangenheit böse Blicke sowieso nichts genutzt haben? Zwei Beispiele zeigen, wie dies aussehen könnte:

- In Berlin haben die Kollegen den Stuhl des Betroffenen vor die Tür gestellt. Als er kam und sah, was los war, musste er unter Gelächter der anderen hinausgehen und seinen Stuhl hereinholen, ehe er sich setzen konnte.
- In München erfand eine Gruppe ein neues Wort, das für ein Standardprodukt der Firma stehen sollte. Bis der Säumige kam, hatte man ein wenig geübt und konnte das neue Wort flüssig anwenden. Natürlich verstand er in der nachfolgenden Diskussion laufend Bahnhof, während die Gruppe sich köstlich amüsierte …

7. Vielredner in Gruppen

Sie kennen das Problem: In vielen Gruppen gibt es einen Vielredner, der regelmäßig die Meetings „terrorisiert“, während einige stillere Teilnehmer durchaus Intelligentes beizutragen hätten, wenn sie zu Wort kommen könnten.

Es gibt, wie so oft, zwei Möglichkeiten, auf diese Situation zu reagieren: Entweder ist der Vielredner ein Schnelldenker, dessen Beiträge durchaus hilfreich wären, wenn er die etwas langsamer denkenden Gruppenmitglieder durch seine verbale Vereinnahmung nicht „mundtot“ machen würde, oder aber der Vielredner in Ihrer Gruppe gehört zu den großen „Schwaflern“, dessen Beiträge den anderen die Lust nehmen, überhaupt noch kreativ nachzudenken (weil man seine Worthülsen nicht gedanklich nachvollziehen will).

Hinweis: Zunächst einmal gilt es, zwei Dinge zu erkennen. Erstens suchen Vielredner Beachtung. Sie setzen sich per Wort rücksichtslos durch, weil sie sich so wichtig finden (oder von anderen für wichtig befunden werden wollen). Deshalb sind ihnen die Gruppenziele weniger wichtig als ihre undisziplinierte Selbstdarstellung. Zweitens besitzen Vielredner die Fähigkeit, frei zu artikulieren (was viele Menschen nicht können). Diese Aspekte müssen wir in unsere Strategie einbeziehen.

Strategie gegen kontraproduktive Vielredner (Schwafler)

Führen Sie ein Vier-Augen-Gespräch. Weihen Sie den wortgewaltigen Kollegen in Ihr Problem als Chef (Chefin) ein, nämlich, dass es einige „stillere Typen" in Ihrem Team gäbe und dass diese sich nicht so frei zu Wort melden würden, solange andere sprächen. Bitten Sie ihn, Ihnen bei Ihrer neuen Strategie zu helfen, öfter mal zu schweigen und zu warten, was dann passiert. Sagen Sie zum Beispiel ganz offen: *„Ich weiß, dass Schweigen Ihnen schwer fällt. Aber Frau Marlies, Herr Schröter und Herr Bauer haben ebenso große Probleme, sich zu äußern, wie Sie zu schweigen! Wenn jeder sich Mühe gibt, seine Schwächen zu überwinden, dann müssten wir in Zukunft um einiges besser diskutieren können. Was meinen Sie?"* Es ist wichtig, dass Sie ihn am Ende verbal dazu auffordern, Zustimmung auszudrücken, danach fügen Sie in etwa hinzu: *„Ich freue mich, dass Sie mir helfen werden! Ich kann mein Ziel nur mit Ihrer Mitarbeit erreichen. Danke, dass Sie mitmachen werden!"* Nun, da er sich festgelegt hat, muss er sich zusammenreißen, um in Ihren Augen „gut dazustehen". Ab jetzt genügen bereits kleine „verschwörerische" Blicke, um ihn wieder „auf Kurs" zu bringen. Es ist immer wieder faszinierend zu beobachten, wie gut diese Taktik funktioniert.

Strategie zur gewinnbringenden Integration kreativer Vielredner (Schnelldenker)

Ist der Vielredner ein Schnelldenker, dessen Aussagen „Hand und Fuß" haben, sollten Sie ganz anders vorgehen. Wir hatten ja schon festgestellt, dass Vielredner Beachtung suchen. Deshalb geben Sie ihm eine besondere Aufgabe: Bitten Sie ihn (unter vier Augen!), Ihnen ab jetzt bei den Meetings zu „helfen", die diversen Meinungen der anderen Teammitglieder zu sammeln und zu koordinieren.

Sagen Sie etwa: *„Ich will Ihre Fähigkeit, jedes Thema schnell zu begreifen und schnell zu schalten, einsetzen! Deshalb möchte ich Sie bitten, als Ko-Moderator zu fungieren, indem Sie in Zukunft zuerst die anderen um ihre Meinung bitten (und dabei stichpunktartig notieren, wer was sagt), um anschließend die Sache in Ihrer üblichen kompetenten Art auf den Punkt zu bringen. Sie sind der/die Einzige in der Gruppe, der/die die Aussagen der anderen so schnell verarbeiten kann ..."* (oder so ähnlich). Auch hier enden Sie mit der Frage, ob Sie auf seine Mitarbeit zählen können, und geben dem Schnelldenker die Chance zuzustimmen.

8. Mr. Nörgler greift Sie im Meeting an

Wenn Sie einen chronischen Nörgler in der Gruppe haben, gilt: Manches, was er sagt, ist von Bedeutung und sollte nicht vom Tisch gewischt werden, nur weil es wieder einmal von dieser Person kommt.

Auf der anderen Seite kann ein solcher Mensch die Gruppe ziemlich viel Nervenkraft kosten, vor allem, wenn Sie sich jedes Mal auf lange Zweierdiskussionen mit ihm einlassen.

Sie gewinnen weit mehr, wenn Sie wie folgt vorgehen:

- Geben Sie einen Angriff Ihres Routinekritikers als „Frage" an die Gruppe weiter: „Was meinen die anderen dazu ...?"

- Hat er heute etwas zur Sprache gebracht, was andere Gruppenmitglieder ebenfalls bewegt, dann kann es jetzt zu einer Aussprache kommen, die für alle wichtig ist.
- Oder die Gruppe möchte das Thema „abhaken“, dann wird sie ihn weit schneller zum Schweigen bringen, als Sie alleine dies könnten (Gruppendruck).

Vorteil dieses Vorgehens: Würde er bei verlorenem „Schlagabtausch“ mit dem Chef (Chefin) sein Gesicht verlieren, kann er sich der Meinung der Mehrheit ohne Verlust seines Selbstwertgefühls „beugen“.

Erfolg per Post

10

ABFALL

„Wie geht's den Kindern? Ist Post für mich da?"

Joe Girard

1. Wer sollte seinen Kunden schreiben?

Jeder, der besonders gute Kundenbeziehungen aufbauen will, sollte seinen Kunden schreiben – egal, ob Sie Führungskraft, Verkäufer/-in oder freier Handelsvertreter sind! Dabei spielt es keine Rolle, ob Ihre Firma offizielle Mailingaktionen durchführt oder nicht. Interessanterweise erwarten Ihre Kunden von Ihnen als Repräsentant einer spezifischen Firma keine direkte (quasi private) Post. Eben darin kann der Reiz liegen!

Aber auch wenn Sie Inhaber/-in oder Geschäftsführer/-in einer Firma oder eines Geschäftes sind, das normalerweise keine Mailings veranstaltet, könnte so mancher Gedanke in diesem Kapitel Ihnen vielleicht neue Anregungen geben. Worauf ich keinesfalls hinauswill, sind Massenbriefaktionen an „kalte" (da zu unspezifische) Adressen. Obwohl es heutzutage völlig normal ist, Adressen zu kaufen (mieten), sollten Sie, bevor Sie sich zu einer solchen Investition entschließen, noch einmal scharf nachdenken!

Der schon mehrfach zitierte weltbeste Pkw-Verkäufer Joe Girard[41)] begann schon sehr früh, Karten und Briefe (damals noch einzeln mit der Hand geschrieben!) an seine Kunden zu versenden. Aber selbst damals hat er niemals eine Adressenliste gekauft. Er sagt: „Mich interessiert überhaupt nicht, wen die Adressenfirmen für meine Kunden halten, ich finde das selbst heraus.

Es geht zwar anfangs langsamer, aber à la longue zahlt es sich aus!"

Zu dem Zeitpunkt, als Joe Girard sein Buch schrieb, war er zwölf Jahre hintereinander als weltbester Pkw-Verkäufer im Guinness-Buch der Rekorde verzeichnet. Also kann seine Methode so falsch doch nicht sein, oder?

Vorteile von Direct-Mails

Wenn Sie, wie Joe Girard, für eine Firma arbeiten, können auch Sie sich mit intelligenten und kreativen, kleinen Postaktionen wohltuend vom Wettbewerb abheben und bessere Kundenbeziehungen aufbauen.

Wenn sie freier Unternehmer sind, dann gehören Mailingaktionen wahrscheinlich sowieso bereits zu Ihrer Strategie (oder sind zumindest geplant). Denn trotz Portoverteuerungen gilt laut Murray Raphel:

„Direct-Mailing ist noch immer eine der effizientesten Formen der Werbung, erstens, weil Sie mit kleinen Zahlen experimentieren können, und zweitens, weil Sie hinterher eine hundertprozentige Kontrolle über den Erfolg (Rücklauf) Ihrer Aktionen haben.

Das bietet keine Anzeige oder Radio/TV-Spot!"

2. Mailing-Erfolgsquoten

Wenn Sie eine größere *Mailingaktion* planen, sollten Sie immer berücksichtigen:

- Im Zeitalter der Massenaussendungen liegen die *Returns* (Rückantworten) im Bereich von 0,2 bis 0,5 Prozent, wenn Ihr *Mailing* nicht ungewöhnlich kreativ ist.
- Schreiben Sie hingegen Ihre eigenen Kunden an, so kann die Rücklaufquote bei 2 bis 6 Prozent liegen. Aber es können sogar weit bessere Resultate erzielt werden, wenn der Kontakt zu Ihren Kunden besonders gut ist! Wenn Sie gute Ware (guten Service) bieten und Ihre Kunden gerne bei Ihnen kaufen!

- Das nach dem italienischen Mathematiker und Philosophen Pareto benannte Pareto-Prinzip besagt, dass immer 20 Prozent eines Ganzen 80 Prozent seiner Dynamik ausmachen. Auf Ihre Kunden bezogen hieße das: 20 Prozent Ihrer Kunden bewirken 80 Prozent Ihres Umsatzes.
- *Teilmailings* an diese 20 Prozent Ihrer Kunden können phantastische *Returns* bewirken, wenn

  Ihr heutiges Angebot besonders attraktiv ist,

  Sie sich ab und zu bei diesen Kunden melden, *ohne* direkt etwas verkaufen zu wollen!

Erfolgs-Tipp:

Wenn Sie signalisieren, dass Ihre Kunden die Zeit- und Geldinvestition eines kleinen Mailings ohne Verkaufsabsicht wert sind, dann werden Sie bei den eigentlichen Mailing-Verkaufsaktionen umso besser abschneiden.

3. Stiehlt Ihr Briefkopf dem Empfänger die Zeit?

Wenn Sie Ihrem Kunden einen Geschäftsbrief senden und er spontan reagieren möchte (vielleicht telefonisch), dann kann Ihr Briefkopf (inklusive der Fußzeilen) ihn regelrecht verärgern (siehe unten). Sollten Sie jedoch einen eher „privaten" Brief an ihn schicken (vergleichen Sie auch den Abschnitt „Post der dritten Kategorie", Seite 177, dann wäre einer dieser Fauxpas besonders paradox. Viel zu viele Briefe lösen unnötigen Frust beim Empfänger aus; dabei sind die Ursachen leicht zu vermeiden. Vielleicht überprüfen Sie *Ihre* Briefe (Kopf- und Fußzeilen) bei Gelegenheit einmal auf folgende Aspekte:[42)]

Checkliste für den optischen Briefkopf

- Ist Ihre Telefonnummer (inklusive Ihrer Durchwahl) angegeben? (Gerade die Durchwahl fehlt oft.)
- Sind die Ziffern groß und deutlich geschrieben, oder müssten Sie eigentlich eine Lupe mitsenden? Je kleiner die Ziffern, desto deutlicher das *unbewusste* Signal: Bitte ruf mich nicht an!
- Ist Ihre Unterschrift lesbar bzw. steht darunter Ihr Name in Schreibmaschinen-, Computerschrift? Es ist enorm frustrierend, wenn man aufgrund einer besonders kreativen (unleserlichen) Unterschrift nicht weiß, an wen man sich überhaupt wenden soll.
- Geht aus Ihrer Unterschrift hervor, ob Sie „Männlein" oder „Weiblein" sind? Es macht bedeutend weniger Spaß, jemanden anzurufen (anzuschreiben), wenn man erst erfragen muss, ob es sich um einen Herrn oder eine Dame handelt.

4. Privatkarten an Kunden?

Auf einer großen Marketingkonferenz in Dublin erzählte Murray Raphel von einer ungewöhnlich erfolgreichen Mailingaktion, die jedoch nicht wie eine „Aktion" daherkam (und gerade deshalb so erfolgreich war):

Wir hatten vor einigen Jahren in Finnland Jacken eingekauft und wollten unsere Kunden in den USA darauf aufmerksam machen.

Also schrieben wir 300 wunderschöne Ansichtskarten aus Finnland, natürlich alle handgeschrieben! Diese sandten wir an unsere 300 besten Kunden.

Auf jeder Karte stand sinngemäß: *„Hi (Name), wir haben gerade drei Superjacken für Deine Boutique ausgesucht und grüßen aus dem schönen Finnland."*

Kaum waren die ersten Karten in den USA eingetroffen, standen die Telefone nicht mehr still. Fast alle dieser so persönlich angesprochenen Kunden kauften „ihre" drei Jacken!

Dann berichtet Murray Raphel, eine seiner Seminarteilnehmerinnen habe die Idee aufgegriffen und ebenfalls an hundert ihrer Kunden einen handgeschriebenen Brief geschickt, um sie über neue Kunstdrucke in ihrer Galerie zu informieren. Auch ihre Aktion brachte phänomenale Resultate.

Es liest sich nicht halb so aufregend, wie solche Aktionen sein können!

5. Eigentor durch ein erfolgreiches Mailing?

Leider passiert bei der Durchführung einer Kommunikationsstrategie immer wieder Folgendes: Die Fachleute von der Werbung denken sich eine tolle Kampagne (beispielsweise für Anzeigen oder eine Direct-Mail-Aktion) aus und schlagen los, ohne die Leute im Innendienst auch nur zu informieren oder – bei Serviceversprechen besonders wichtig – ohne sie entsprechend zu motivieren.

Wendet sich nun ein durch die Werbekampagne interessierter, potenzieller Kunde an die Firma, erfährt er im Fall solch einer unkoordinierten Aktion von Unkenntnis bis akutem Desinteresse alle vorstellbaren Varianten der Ablehnung.

„Tödliche" Desinformation

So weiß in der Firma oft niemand Bescheid, wenn Kunden anrufen und nähere Informationen über die angepriesenen neuen Waren/Serviceleistungen wollen. Stellen Sie sich vor, Mr. Raphel, seine Frau und einige Leute seines Teams schreiben sich in Finnland die Finger wund (siehe oben), und dann weiß im Geschäft in Amerika niemand Bescheid, wenn die total begeisterten Kunden anrufen und völlig atemlos mehr über „ihre drei Jacken" erfahren wollen!

Bei Avis Rent-A-Car (USA) gab es einmal eine Kampagne „Wir haben die saubersten Aschenbecher der Stadt", von der die Leute in den einzelnen Niederlassungen überhaupt nichts wussten. Als sich ein akuter Nichtraucher über zwei Kippen im Ascher beschwerte, meinte eine junge Mitarbeiterin: „Na ja, es sind ja nur zwei!" Auf die erboste Frage des Kunden, weshalb man dann gerade diese Kampagne fahre, fragte sie erstaunt: „Welche Kampagne, Sir?"

Hier wirft man nicht nur viel Geld zum Fenster hinaus, sondern man kann eine Reihe potenzieller Kunden gleich im Vorfeld so gekonnt „vergraulen", dass so ein „Beinahekunde" oft zehn bis fünfzehn Jahre lang nicht bereit ist, mit dieser Firma einen zweiten Versuch zu wagen!

Experiment: Verkaufsversprechen testen

Reagieren Sie einmal selbst aktiv auf die Mailings, die Sie erhalten, und versuchen Sie, telefonisch über die *neuesten Artikel* etwas zu erfahren. Oder studieren Sie Anzeigen, die Neues versprechen, und rufen Sie diese Firmen an. Überzeugen Sie sich selbst, wie häufig die zuvor beschriebene Art von Panne passiert. Dann ist die Strategie klar: Erst planen (am besten mit den betroffenen Mitarbeitern, damit diese im Vorfeld einverstanden und motiviert sind), dann formulieren und versenden (oder als Anzeige oder Spot in den Medien platzieren).

So entsteht ein „integriertes Kommunikationskonzept", bei dem alle kommunikativen Maßnahmen aufeinander abgestimmt sind und das Personal, vom Kundenservice über den Vertrieb bis hin zur Telefonzentrale, informiert und motiviert ist, das neue Produkt oder die besondere Dienstleistung bestmöglich zu vertreten.

6. Post der dritten Kategorie

Wenn Sie überlegen, welche Art von Post Sie selbst erhalten, dann stellen Sie höchstwahrscheinlich fest, dass ein Großteil des Schriftverkehrs Sie nicht gerade erbaut (sprich seelisch aufbaut). Wie viel Prozent Ihrer Post fällt in die folgenden Kategorien:

- Post von Leuten, die Ihr Geld wollen?

  Zum Beispiel: Rechnungen (oder gar Mahnungen) – Prospekte für Waren, die Sie nicht interessieren, Werbebriefe an „kalte" (gemietete) Adressen.

- Post von Leuten, die Ihnen Arbeit machen?

  Zum Beispiel: Erinnerung an das Memo, das wir schreiben wollten – Bitte eines Autors um ein Vorwort zu seinem neuen Buch (das 600-Seiten-Manuskript gleich beiliegend!).

- Post, die Sie freut?

  Zum Beispiel: Ein Dankeschön oder ein Lob.

Wie Sie sehen, gibt es sehr wenig Post der dritten Kategorie, aber viel zu viel der ersten beiden Sorten. Das heißt: Jedes Mal, wenn Sie einen Anlass finden, Ihrem Kunden einen unerwarteten positiven Brief (oder eine Postkarte, ein Fax) zu senden, fällt Ihre Post bei ihm in die kleine dritte Kategorie!

Deshalb weisen die Verkaufsprofis, die mit persönlichen Briefen arbeiten (wie Joe Girard und Murray Raphel), wiederholt darauf hin, dass die Leute zwar so manche Infopost (früher „Drucksache") ungelesen wegwerfen, aber dass persönliche Briefe und Karten zu 100 Prozent gelesen werden. Mehr noch: Eine originelle Karte wird vielleicht sogar weiteren Personen gezeigt!

Joe Girard betont, dass solche Post an die Privatadressen besonders wirksam ist. Egal, wie viel Briefe der Mensch beruflich bewältigen muss, wenn er oder sie abends heimkommt, heißt es doch: „Wie geht's den Kindern, dem Hund? Was ist in der Post?"

Privatpost interessiert immer

Selbst wenn so mancher heimkommende Vater in Deutschland sich nicht immer für Kind und Hund interessiert – seine persönliche Post wird er allemal mit Interesse lesen!

Ein Spitzenverkäufer denkt daher immer an eine Möglichkeit, seine Kunden positiv anzusprechen, schreibt in Wartezeiten (etwa am Flugplatz) persönliche Karten an besonders gute Kunden.

Wir haben ebenfalls einen Versuch gemacht: Einige meiner Seminarteilnehmer haben es getestet und beim nächsten Kundenbesuch sehr erfreute Dankesworte erhalten, denn das Kundenecho war sehr positiv, wie: Freudige Überraschung! Man fühlte sich „gebauchpinselt". Man hatte das Gefühl, in den Augen dieses Verkäufers „etwas ganz Besonderes" zu sein.

Ideen für kleine „Kundenaufmerksamkeiten"

Wenn Sie einen Artikel in einer Zeitung/Zeitschrift sehen, der für den einen oder anderen Ihrer Kunden von Interesse sein könnte, senden (oder faxen) Sie ihm doch eine Kopie mit einer kleinen persönlichen „Note". („Ich dachte, das könnte Sie interessieren" – Unterschrift.)

Oder greifen Sie die Idee einiger amerikanischer Spitzenverkäufer auf: Sie senden Ihren besten Kunden Karten aus dem Urlaub.

Oder vielleicht schicken Sie einigen wenigen ausgesuchten Kunden ein kleines Werbegeschenk oder eine kleine Zwischendurchnachricht, die Ihrem Kunden zeigt, dass Sie an ihn gedacht haben.

Falls Sie glauben, das kostet Sie zu viel Zeit und Mühe, denken Sie noch mal – wie Murray Raphel in seinen Vorträgen immer betont – daran: Alle Kunden *kaufen* immer nur aus zwei Gründen:

- Sie wollen sich gut (wichtig) fühlen.
- Sie wollen ihre (beruflichen und privaten) Probleme lösen.

Wenn Ihre kleinen Postaktionen dazu beitragen, dass Ihr Kunde sich von Ihnen besonders wertgeschätzt fühlt, dann könnte das den Einsatz durchaus wert sein. Oder?

Angenommen, Sie würden pro Arbeitstag nur einen einzigen handgeschriebenen Brief oder eine Karte versenden, dann wären das pro Jahr bereits zirka 250 sehr wirksame Kontakte!

Persönliches Höchstform-Training

11

(Dieses Kapitel) „... ist all jenen gewidmet,
die sich nicht scheuen, den Stress eines
ausgefüllten Lebens in vollen Zügen zu genießen ...“

Hans Selye

1. Positive Energie tanken

Minimeditation übers Auge

Dr. John Diamond[43)] weist darauf hin, dass Bilder, die uns positiv berühren, im wahrsten Sinne positive Energie enthalten, die wir „tanken“ können. Wenn Sie sich also einige Ansichtskarten (Landschaften, Tiere oder Kunstkarten) besorgen, die Sie immer griffbereit haben, dann können Sie jeden Tag mehrmals jeweils (zirka dreißig Sekunden lang) eins dieser Bilder aufmerksam betrachten. Dies ist wie eine Minimeditation, die insbesondere den Thymus (Wächter über unser Immunsystem) stärkt. Probieren Sie es aus – es lohnt sich!

Minimeditation übers Ohr?

Sie wissen, dass Klänge uns stark beeinflussen. Wenn Sie beispielsweise gezwungen sind, Baulärm oder unangenehme „Musik“ zu hören, wird Ihre Stimmung sofort stark hinabgezogen. Aber auch das Gegenteil ist wahr: Wenn Sie einige Minuten lang angenehmen Klängen lauschen können, dann verbessert sich Ihre Stimmung ebenso schnell. Diesen Effekt können Sie für sich nutzen. Sorgen Sie dafür, dass Sie immer einige Musikstücke „zur Hand“ haben, die Sie angenehm finden, zum Beispiel leichte klassische Musik zur Beruhigung, rhythmische Country-and-Western-Musik gegen Müdigkeit usw. Wenn Sie einen Walkman oder ein tragbares CD-Gerät mit Kopfhörern besitzen, dann können Sie jederzeit und überall mit kurzen Musikpausen Ihr Stressniveau drastisch senken (etwa vor einer wichtigen Konferenz). Denken Sie daher auch auf langen Reisen daran, Ihre Musik nach diesem Gesichtspunkt auszuwählen.

2. Anti-Stress-Tipps

Wasser zum „Aufputschen"?

Wenn Sie während der Arbeit zwischendurch ein kleines Leistungstief haben und sich kurzfristig wach machen wollen, ohne Aufputschmittel (beginnend mit Coffein) zu nehmen, dann machen Sie einfach eine Miniatur-Kneippkur: abwechselnd heißes (so heiß, wie Sie's ertragen können) und kaltes Wasser über die Handgelenke (innen) laufen lassen, zirka eine Minute lang. Falls Sie keine zwei Wasserhähne zur Verfügung haben, brauchen Sie eine kleine Schüssel fürs kalte Wasser. Es gibt im Campingbereich faltbare Schüsseln zu kaufen, die in der Tasche weniger auftragen als eine Brieftasche. Somit kann dieser Trick auch in der Büroumgebung angewandt werden. (Falls Sie unter niedrigem Blutdruck leiden, sollten Sie diese Kleinstkur alle zwei Stunden wiederholen; das wirkt wie Blutdruckmedizin, ohne Ihrem Kreislauf zu schaden.)

Anti-Stress im Hotel

Wenn Sie viel unterwegs sind, dann müssen Sie sich laufend an neue Umgebungen gewöhnen; dies ist ein Stressfaktor, der Sie unnötig viel Energie kosten kann. Dem können Sie entgegenwirken,[44)] indem Sie immer einige wenige auffällige persönliche Gegenstände dabeihaben und als Erstes in Ihrem Zimmer verteilen, beispielsweise ein großes (dünnes) farbiges Badetuch (das Sie aufs Bett werfen), Ihr eigenes unverwechselbares Kissen (ebenfalls aufs Bett) sowie einige Ihrer Alltagsgegenstände (Diktiergerät, Notebook usw.) auf Schreibtisch oder Nachtkästchen ablegen. Der Trick dabei ist folgender: Das Auge (genauer das Gehirn) konzentriert sich nun auf die bekannten Elemente und macht das neue Umfeld somit zum unwichtigen Hintergrund; dadurch wird der Neuheitsfaktor (der Stress auslösen kann) drastisch reduziert.

3. Kreativ wie Salvador Dalí

Natürlich wissen Sie bereits, dass kreative Gedanken am besten am Rande zwischen Bewusstsein und Unterbewusstsein „gedeihen"; aber da wir in der Regel zu sehr unter (Zeit-)Druck sind, befindet sich unser Geist zu selten in diesem kreativen Randbereich. Deshalb haben die meisten von uns ihre besten Ideen kurz vor oder direkt nach dem Einschlafen. Nun gibt es einen Trick, den Salvador Dalí erfunden hat und der Ihnen helfen wird, gerade diese Phase optimal zu nutzen, wobei Sie Dalís Idee durch Nutzung der modernen Technik sogar noch verbessern können:

Vorbereitung: Halten Sie immer ein Diktiergerät griffbereit. Üben Sie vorher, das Gerät auch im Dunkeln (also blind) zu bedienen, damit Sie nicht wieder vollständig erwachen müssen, um Ihre Ideen aufzuzeichnen.

Wenn Sie nun an einem Problem knobeln, bei dem Sie nicht weiterkommen (geistige Sackgasse), dann besteht die große Wahrscheinlichkeit, dass Ihr Unterbewusstsein Ihnen den richtigen Impuls liefern wird, und zwar in dieser Einschlafphase. Also gehen Sie wie folgt vor:

- Diktiergerät griffbereit am Bett positionieren.
- Einen größeren Porzellan- oder Metallteller neben das Bett auf den Boden stellen.

- Mit einem Löffel in der Hand ins Bett gehen. Den halten Sie in einer Hand, und zwar so, dass er, wenn Sie loslassen, auf den Teller am Bettrand fallen muss.
- Entspannen Sie sich (vielleicht auch mit Musik)!

Wichtig: Das Ziel darf nicht sein: „Ich will einschlafen!“, weil Sie sonst wach bleiben. Das Ziel ist lediglich, sich zu entspannen und geistig Abstand vom Problem zu nehmen. Gehen Sie auf eine Phantasiereise (hierzu gibt es eine Reihe guter Audiokassetten), oder lauschen Sie angenehmer Musik; malen Sie sich den nächsten Urlaub aus oder Ähnliches.

So erreichen Sie bald diesen Rand zwischen Bewusst- und Unterbewusstsein; Ihre Muskeln erschlaffen, und der Löffel fällt herunter!

Jetzt greifen Sie zum Diktiergerät und sprechen ohne Unterbrechung darauf, was immer Ihnen einfällt, auch wenn Sie meinen, es sei absolut unbedeutend oder gar völliger Unsinn! (Im Notfall sagen Sie mehrmals hintereinander: „Jetzt fällt mir nichts ein.“) Wichtig ist, dass Sie nonstop sprechen.

In 90 Prozent aller Fälle entwickeln Sie jetzt Gedankengänge, die Ihnen helfen werden, Ihr Problem zu lösen!

4. Effizientes Sorgenmachen

Eine Studie in den USA hat zutage gefördert, worüber sich die Leute am meisten Sorgen machen. Bitte raten Sie zuerst, ehe Sie die Lösung auf der nächsten Seite ansehen: Wenn die Gesamtzahl aller Sorgen 100 Prozent ist, wie viel Prozent, glauben Sie, entfallen dann auf die folgenden Kategorien? Denken Sie dabei an „alle Menschen“ global, und nicht an Ihr eigenes Verhalten:

. . . . Prozent wirkliche Probleme.

. . . . Prozent Sorgen über (oder Nervosität wegen) Kleinigkeiten.

. . . . Prozent Sorgen über Dinge, die man nicht verändern kann.

. . . . Prozent Sorgen über Dinge, die niemals eintreffen.

. . . . Prozent Sorgen (effiziente), die nötig sind.

Nachdem Sie die Zahlen für die Allgemeinheit geschätzt haben, überlegen Sie bitte, wie *Sie persönlich* es halten: Ergeben sich nun vielleicht andere Prozentwerte?

. . . . Prozent wirkliche Probleme.

. . . . Prozent Sorgen über (oder Nervosität wegen) Kleinigkeiten.

. . . . Prozent Sorgen über Dinge, die man nicht verändern kann.

. . . . Prozent Sorgen über Dinge, die niemals eintreffen.

. . . . Prozent Sorgen (effiziente), die nötig sind.

So, und jetzt vergleichen Sie Ihre Antworten bitte mit den statistischen Daten, und fragen Sie sich noch einmal, ob Sie Ihre persönlichen Prozentteile wirklich realistisch eingeschätzt haben.

Lösung: Dies sind die tatsächlichen Werte.

- Dinge, die niemals eintreffen werden (40 Prozent).
- Dinge, die man nicht verändern kann (30 Prozent).
- Sorgen über Kleinigkeiten (22 Prozent).

Somit sind 92 Prozent der Sorgen genau genommen „unnötig wie Bauchweh", und nur 8 Prozent sind „effiziente" Sorgen, die man sich machen sollte, um die Zukunft zu garantieren.

Vielleicht denken Sie das nächste Mal daran, wenn Sie merken, dass Ihre Stirne beginnt, sich in sorgenvolle Falten zu legen …?

Und vielleicht übertragen Sie den Aspekt „Sorgen machen" auch auf Ärgersituationen. Stellen Sie fest, wie viel Prozent Ihrer wertvollen Energie Sie vergeuden, sich über Dinge zu ärgern, die nie eintreffen (das ist Ärger, der – analog zur Vorfreude – bereits im Vorfeld stattfindet, unabhängig davon, ob die Sache selbst je eintreffen wird). Und wie viel Prozent Ihrer wertvollen Lebensenergie Sie in Ärger über Kleinigkeiten „investieren" oder in Ärger über Dinge, die Sie nicht ändern können. Das könnte schon eine intensive Prüfung vertragen, nicht wahr?

5. Endstation: Der Weg zur Hölle

Sie sind auf der letzten Seite angekommen. Seite für Seite oder durch „Springen"? Egal! Das ändert nichts an der Brisanz der Frage:

Was wollen Sie jetzt konkret unternehmen?

Werden Sie irgendeinen Tipp aus diesem Buch in Ihre tägliche Praxis (beruflich wie privat) integrieren? Falls Sie das vorhaben, dann ist es derzeit eben das: ein Vorhaben. Sie wissen ja, dass der Weg zur Hölle mit guten Vorsätzen gepflastert ist. Deshalb möchte ich Ihnen zum Schluss einen letzten Rat mitgeben. Er ist nicht von mir; der amerikanische Aufklärer Benjamin Franklin soll ihn erfunden haben:

„Nehmen Sie sich jede Woche immer nur einen einzigen Schwerpunkt vor! Und dann üben Sie täglich, in diesem einen Punkt ein wenig voranzukommen."

Dass Sie nicht nur mit den Ideen dieses Buches so verfahren, setzen wir dabei voraus. Schließlich wollen Sie sicher das eine oder andere (mehrfach) erwähnte oder zitierte Werk lesen oder hören? Und Sie werden auf Vorträge, Seminare und Kongresse gehen? Und sich mit Kollegen/Kolleginnen beraten, die ja auch oft tolle Ideen anzubieten haben.

Erfolgs-Tipp:

Alle Ideen, die Sie für interessant und hilfreich halten, können Sie in Ihre persönliche Ideenkiste aufnehmen.

Auf diese Weise sind Sie ständig damit befasst, besser zu werden!

Ich wünsche Ihnen viel Erfolg. Erinnern Sie sich an unsere Definition von Erfolg:

ERwünschte FOLGen Ihres Tuns!

Anmerkungen

1) Coué, Emile: Selbst-Bemeisterung durch bewusste Autosuggestion. Basel 1997.
2) Tegtmeier, Ralph: Der Geist in der Münze. Vom magischen Umgang mit Reichtum und Geld. München 1988.
3) Einige Telefontipps dieses Kapitels wurden mit freundlicher Genehmigung des Verlages dem Buch „Schnellkurs zum Telefonprofi" von Michael Flemming entnommen. Düsseldorf/Berlin 2002.
4) Mackenzie, R. Alec: Die Zeitfalle. Sinnvolle Zeiteinteilung und Zeitnutzung. Vorw. v. Reineke, Wolfgang. 11. Auflage. Heidelberg 1995.
5) Flemming, Michael: Schnellkurs zum Telefonprofi. Vgl. 3).
6) Birkenbihl, Vera F.: Stroh im Kopf? Oder: Gebrauchsanleitung fürs Gehirn. Offenbach 2000.
7) Considine, Ray/Raphel, Murray: Der große Ideenklau. Wie man Erfolgsideen für Werbung und Verkauf kopiert. Aus d. Amerik., 4. Auflage. Bonn 1991.
8) Flemming, Michael: Schnellkurs zum Telefonprofi. Vgl. 3).
9) McCormack, Mark H.: Was man an der Harvard Business School nicht lernt. Landsberg/Lech 1994.
10) Carnegie, Dale: Wie man Freunde gewinnt. Überarb. u. rev. Neuausgabe. Bern 2000.
11) Raphel, Murray: Das Geheimnis des Werbebriefes, der einfach alles verkauft. Bonn 1992.
12) Flemming, Schnellkurs zum Telefonprofi. Vgl. 3).
13) Leeds, Dorothy: Die Kunst der Kommunikation. Erfolgreiche Gesprächsführung im Geschäftsleben. Wiesbaden, Zürich 1988 (Management heute).
14) Birkenbihl, Vera F.: Management, Motivation und Menschenführung, (Audiokurs) Düsseldorf/Berlin 2001.
15) Birkenbihl, Vera F.: Psychologisch richtig verhandeln. 7. Auflage. München 1993.
16) Birkenbihl, Vera F.: Kommunikationstraining, München 2000.
17) Birkenbihl, Vera F.: Rhetorik-Training, Kassetten-Seminar. Kompakt-Kassetten-Kurs. 7. Auflage. München 1993.
18) Milo, Frank: Wie Sie in einer halben Minute Ihren Standpunkt vertreten. München 1998.
19) ebd.
20) ebd.

21) Peters, Tom: Jenseits der Hierarchien – Liberation Management. Düsseldorf, Wien, New York, Moskau 1993.
22) Walther, George: Phone Power. Das Telefon als effektives Erfolgsinstrument. 5. Auflage. Düsseldorf 1994.
23) Kahn, Wolfe, u.a.: Organizational Stress. Studies in Role Conflict.
24) Girard, Joe (m. Stanley H. Brown): How to Sell Anything to Anybody. New York 1979.
25) ebd.
26) ebd.
27) Raphel, Murray: Das Geheimnis des Werbebriefes. Vgl. 11).
28) Karrass, Gary: Geschickt verhandeln, erfolgreich abschließen. Frankfurt 1989.
29) Girard, Joe: How to Sell Anything to Anybody. Vgl. 24).
30) Horovitz, Jaques: Service entscheidet im Wettbewerb um den Kunden. 3. Auflage. Frankfurt 1990.
31) Peters, Tom: Jenseits der Hierarchien – Liberation Management. Vgl. 21).
32) Considine, Ray/Raphel, Murray: Der große Ideenklau. Wie man Erfolgsideen für Werbung und Verkauf kopiert. Bonn 1991.
33) Birkenbihl, Vera F.: Audiokurs, Management, Motivation und Menschenführung. Düsseldorf/Berlin 2001.
34) ebd.
35) LeBoef, Michael: Das oberste Erfolgsprinzip für Manager. 2. Auflage. München 1990.
36) LeBoef, Michael: Imagination, Inspiration, Innovation – Kreative Kräfte nutzen. 2. Auflage. München 1991.
37) Birkenbihl, Vera F.: Signale des Körpers. Körpersprache verstehen. 14. Auflage. München 1999.
38) Birkenbihl, Vera F.: Meetings erfolgreicher gestalten. Düsseldorf/Berlin 2001.
39) Kock, Ewald: Eine Verschwörung des Schweigens. Hagen 1991.
40) Augustine, Norman R.: Augustines Erkenntnisse. Goldene Regeln für das Überleben in unserer Wirtschaft. 2. Auflage. Frankfurt 1989.
41) Girard, Joe: How to Sell Anything to Anybody. Vgl. 24).
42) Birkenbihl, Vera F.: Kongressvortrag Januar 1989. Deutscher Außendienst-Tag der DVS.
43) Diamond, Dr. John: Der Körper lügt nicht. 15. Auflage 2000.
44) Birkenbihl, Vera F.: Freude durch Stress. 8. Auflage. München 1992.

Literaturhinweise

Augustine, Norman R.: Augustines Erkenntnisse. Goldene Regeln für das Überleben in unserer Wirtschaft. 2. Auflage. Frankfurt 1989.

Birkenbihl, Vera F.: Stroh im Kopf? Oder: Gebrauchsanleitung fürs Gehirn. Offenbach 2000.

Birkenbihl, Vera F.: Management, Motivation, Menschenführung. 4 Kassetten und Arbeitsbuch. Düsseldorf/Berlin 2001.

Birkenbihl, Vera F.: Psychologisch richtig handeln. 7. Auflage. München 1993.

Birkenbihl, Vera F.: Rhetorik-Training, Kassetten-Seminar. Kompakt-Kassetten-Kurs. 7. Auflage. München 1993.

Birkenbihl, Vera F.: Signale des Körpers. Körpersprache verstehen. 14. Auflage. München 1999.

Birkenbihl, Vera F.: Meetings erfolgreicher gestalten. Düsseldorf/Berlin 2001.

Birkenbihl, Vera F.: Freude durch Streß. 13. Auflage. München 1999.

Birkenbihl, Vera F.: Kommunikationstraining. 22. Auflage. München 2000.

Boylan, Bob: Bring's auf den Punkt! Professionelle Vortragstechnik schnell trainiert. München 1991.

Carnegie, Dale: Wie man Freunde gewinnt. Überarb. u. rev. Neuausgabe. Bern 2000.

Considine, Ray/Raphel, Murray: Der große Ideenklau. Wie man Erfolgsideen für Werbung und Verkauf kopiert. Aus d. Amerik., 4. Auflage. Bonn 1991.

Coué, Emile: Selbst-Bemeisterung durch bewusste Autosuggestion. Basel 1997.

Diamond, Dr. John: Der Körper lügt nicht. 15. Auflage. Freiburg 2000.

Flemming, Michael: Schnellkurs zum Telefonprofi. Düsseldorf/Berlin 2002.

Girard, Joe (m. *Stanley H. Brown*): How to Sell Anything to Anybody. New York 1979.

Horovitz, Jaques: Service entscheidet im Wettbewerb um den Kunden. 3. Auflage. Frankfurt 1990.

Kahn, Wolfe, u.a.: Organizational Stress. Studies in Role Conflict.

Karrass, Gary: Geschickt verhandeln, erfolgreich abschließen. Frankfurt 1989.

Kock, Ewald: Eine Verschwörung des Schweigens. Hagen 1991.

LeBoef, Michael: Das oberste Erfolgsprinzip für Manager. 2. Auflage. München 1990.

LeBoef, Michael: Imagiantion, Inspiration, Innovation – Kreative Kräfte nutzen. 2. Auflage. München 1991.

Leeds, Dorothy: Die Kunst der Kommunikation. Erfolgreiche Gesprächsführung im Geschäftsleben. Wiesbaden, Zürich 1988. (Management heute).

Lemmermann, Heinz: Lehrbuch der Rhetorik. 8. Auflage. München 2000.

Mackenzie, R. Alec: Die Zeitfalle. Sinnvolle Zeiteinteilung und Zeitnutzung. Vorw. v. *Reineke, Wolfgang.* 11. Auflage. Heidelberg 1995.

McCormack, Mark H.: Was man an der Harvard Business School nicht lernt. Landsberg 1994.

Milo, Frank: Wie Sie in einer halben Minute Ihren Standpunkt vertreten. 4. Auflage. München 1998.

Nix, Udo M.: Überzeugend und lebendig reden. 2. Auflage. München 1990.

Raphel, Murray: Das Geheimnis des Werbebriefes, der einfach alles verkauft (Originaltitel: Mind your Own Business). Bonn 1992.

Peters, Tom: Jenseits der Hierarchien – Liberation Management. Düsseldorf, Wien, New York, Moskau 1993.

Rogers, Natalie A.: Frei reden ohne Angst und Lampenfieber. 2. Auflage. München 1996.

Seiwert, Lothar: Mehr Zeit für das Wesentliche. Besseres Zeitmanagement mit der SEIWERT-Methode. 5. Auflage. Landsberg 2000. Video, 5. Auflage. Landsberg 1993. Tonkassette, 4. Auflage. Landsberg 1993.

Tegtmeier, Ralph: Der Geist in der Münze. Vom magischen Umgang mit Reichtum und Geld. München 1988.

Vögele, Siegfried: Dialogmethode: Das Verkaufsgespräch per Brief und Antwortkarte. 11. Auflage. Landsberg 1998.

Walther, George: Phone Power. Das Telefon als effektives Erfolgsinstrument. 5. Auflage. Düsseldorf 1994.

Watzlawick, Paul: Wie wirklich ist die Wirklichkeit? München 1995.

Stichwortverzeichnis

Stichwortverzeichnis